# 신발 신는 시간

김미연 수필집

# 신발 신는 시간
실천총서 053

---

초판 1쇄 인쇄 | 2023년 7월 19일
초판 1쇄 발행 | 2023년 7월 24일

지 은 이 | 김미연
펴 낸 이 | 민수현
엮 은 이 | 이어산
기 획·제 작 | 계간 시와편견
발 행 처 | 도서출판 실천
등 록 번 호 | 제2021-000009호
등 록 일 자 | 2021년 3월 19일

서울사무실 | 서울특별시 종로구 율곡로 6길 36
02)766-4580, 010-6687-4580

편  집  실 | 경남 진주시 동부로 169번길 12 윙스타워 A동 705호
전      화 | 055)763-2245, 010-3945-2245
팩      스 | 055)762-0124
전 자 우 편 | 0022leesk@hanmail.net
편 집·인 쇄 | 도서출판 실천
디자인실장 | 이예운   디자인팀 | 변선희, 이청아, 김승현

ISBN 979-11-92374-26-0
값 12,000원

* 이 책은 전부 또는 일부 내용을 재사용하려면 저작권자와 '도서출판 실천'의
  동의를 받아야 합니다.
* 이 책의 국립중앙도서관 출판예정도서목록(CIP)은 서지정보유통지원시스템(http://s
  eoji.nl.go.kr)과 국가자료종합목록시스템(http://www.nl.go.kr/kolisnet)에서 이용
  하실 수 있습니다.
* 잘못된 책은 교환해드립니다.

경남문화예술진흥원
GYEONGNAM CULTURE AND ARTS FOUNDATION

본 도서는 경남문화예술진흥원의 문화예술지원금을 보조받아 발간했습니다.

# 신발 신는 시간

김미연 수필집

도서출판 실천

## ■ 작가의 말

냉장고를 털었다.

오래 묵혀둔 장아찌, 묵은지, 된장…

갓들인 과일과 채소들이 쏟아져 나온다.

냉장고 안은 언제나 질서가 없다.

그날그날 중요도가 달라지고 자리는 바뀐다.

파일의 뒤섞임

지나간 유효기간

묵은 찬거리를 다른 질서로 바꾸는 것은 요리사의 본분

7년간이나 요리도 해보고 조리도 해보았지만

요리는 언제나 열 손가락 안의 법칙

모두가 세상의 일이다.

어쨌든 나는 단맛은 줄이고

쓴맛에다가 해학의 조미료를 쳐서 새로운 풍미를 내려고 나름 애썼다.

거기다 새로운 그릇에 담아내려고 시도했지만

차리고 보니 세상사 식탁이다.

어디서든 이 요리를 맛본 '문수보살 님'이 맛있다 하고

눈을 동그랗게 뜬다면 보람이리라.

작가는 변주를 먹고 산다.

이다음은 어떤 변주가 나를 찾아올지,

아니, 내가 어떤 변주를 찾아 나설지 그게 더 설렌다.

컴퓨터란 냉장고를 털어 내니 숨쉬기가 수월하다.

## 1부 욕망의 동산

| | | | |
|---|---|---|---|
| 1 | 욕망의 동산 | —— | 12 |
| 2 | 우둔의 협곡을 날다 | —— | 15 |
| 3 | 날아간 새 | —— | 19 |
| 4 | 문수보살 | —— | 21 |
| 5 | 홈 | —— | 25 |
| 6 | 회화의 괴물 | —— | 27 |
| 7 | 버티기 | —— | 29 |

## 2부 신발 신는 시간

| | | | |
|---|---|---|---|
| 8 | 조물주에게 | —— | 36 |
| 9 | 신발 신는 시간 | —— | 40 |
| 10 | 위안 | —— | 44 |
| 11 | 대나무의 바림질 | —— | 46 |
| 12 | 태점 | —— | 51 |
| 13 | 말의 생명 | —— | 55 |
| 14 | 붉은 등 | —— | 60 |
| 15 | 조산 – 조새미 | —— | 62 |
| 16 | 그리운 산 | —— | 66 |

## 3부 화석

| | | | |
|---|---|---|---|
| 17 | 사랑하는 나의 불완전 | —— | 74 |
| 18 | 내 몸 순례기 | —— | 79 |
| 19 | 내게로 온 한포기 꽃을 위하여 | —— | 84 |
| 20 | 왼쪽 귀의 고백 | —— | 89 |
| 21 | 손 | —— | 94 |
| 22 | 화석 | —— | 98 |
| 23 | 배암차즈기 | —— | 100 |

## 4부 생물 선생 울타리

| | | | |
|---|---|---|---|
| 24 | 생물 선생 울타리 | —— | 106 |
| 25 | 물풀의 계획 | —— | 110 |
| 26 | 띠풀을 만나다 | —— | 113 |
| 27 | 들봄을 기다리며 | —— | 117 |
| 28 | 고사리 유권자 | —— | 122 |
| 29 | 첨단의 도시 | —— | 126 |

## 5부 나를 향해 짖는다

| 30 | 나를 향해 짖는다 | —— | 132 |
| 31 | 어느 고양이의 방랑기 | —— | 136 |
| 32 | 국화 | —— | 141 |
| 33 | 다음에 오자 | —— | 146 |
| 34 | 뫳등에 둘러 앉아 | —— | 150 |
| 35 | 알밤을 주우며 | —— | 152 |
| 36 | 얄미운 봄 | —— | 156 |
| 37 | 어느 주걱의 일생 | —— | 158 |

## 6부 황계폭포 가는 길

| 38 | 북천하고 말해 봐 | —— | 162 |
| 39 | 사려니 숲 가는 길 | —— | 166 |
| 40 | 여수 돌게 | —— | 170 |
| 41 | 황계폭포 가는 길 | —— | 174 |
| 42 | 만복대 가는 길 | —— | 180 |

## 7부  찹쌀떡과 도서관

| | | | |
|---|---|---|---|
| 17 | 개천예술제의 강물 | —— | 186 |
| 18 | 아, 소나무 | —— | 192 |
| 19 | 백정, 누가 만드나 | —— | 196 |
| 20 | 망건 - 남강 | —— | 208 |
| 21 | 찹쌀떡과 도서관 | —— | 215 |

작품해설_ 金善化 —— 220

# 1부
# 욕망의 동산

욕망의 동산

우둔의 협곡을 날다

날아간 새

문수보살

홈

회화의 괴물

버티기

# 욕망의 동산

산에서 한동안 길을 잃었다.

새뜨기나 양미역취 같은 키를 넘는 풀을 예취기로 무너뜨린다. 가시 덤불을 자르고 제멋대로 난 가지를 쳐서 길을 만든다. 아이 하나 낳은 기분이다.

어느 날 아담은 뒷산 일부를 사자고 한다. 동의하려다 말고 "여기 산을 사면 이곳만 우리 산이고 안 사면 전부 에덴동산인디. 사지 말고 저 너머 다닐 수 있는 곳까지 우리 영역으로 삼는 건 어때?" 했다.

사는 것을 포기한다. 2시간 정도 걸리는 길을 마저 닦는다. 닦은 것만큼 에덴동산이다. 땅뙈기 하나 없는 우리에게 산나물을 주고 열매를 준다. 누구 산인지 모르지만 우리 것인 양 애착이 생긴다.

이 산에선 한 달에 한두 사람 볼까 말까 하다. 산 기맥을 따라 한둘

등반하는 정도다. 그들은 유명한 산은 길이 잘 닦여 있어 좋은데 야산은 길이 없어 힘들단다. 길을 닦아줘서 고맙다 한다. 기분이 좋다.

하지만 힘들게 마련한 길을 낯선 사람이 먼저 나발을 불고 지나가니 썩 좋은 것만도 아니다. 우리만의 에덴동산을 더럽히다니…. 타인을 거부하는 마음이 새록새록 올라온다. 햐, 어찌하여 생각지도 않던 잡풀이 마음의 땅을 뚫고 올라오나.

올라갈 땐 바위 귀퉁이가 떨어지지 않았는데 내려올 때 보니 바위결이 얇게 떨어져 나갔다. 어제는 가막살나무 열매가 안 보이더니 오늘은 보인다. 도라지꽃이나 금방울 꽃을 만나면 우리가 심은 것처럼 누가 캐 가지 않나 염려를 한다. 아까시와 소나무가 달라붙어 연리목이 된 것도 있다.

이처럼 세세하게 산의 숨소리까지 느낄 판인데 다른 사람의 발자국이나 쓰레기 떨군 것을 보면 괜히 부아가 난다. "우리 말고 누가 여길 다녀간 거야?" 이 말에는 우리의 허락 없인 아무도 못 들어온다는 뜻이다.

야릇한 경계심, 마음에 돋아나는 악의 가시여! 아담과 이브도 유혹하는 뱀을 의심했을지 모른다. 인간의 원조인 그들에게 돋아나는 의심과 부아의 원죄를 슬쩍 덧씌운다.

애착이 집착으로 나아가는 걸 맞닥뜨리며 우리 몰래 오는 사람에 대한 적대감을 표출한다. 지난밤 멧돼지 사냥을 했는지 건전지나 담배꽁초 같은 것이 버려졌다. 빈 물통이나 배즙 먹은 봉지도 보인다.

누가 다녀간 거야! 산 입구 약초농장 관리하는 사람? 농장 옆에 혼자 사는 사람? 보지 않은 사람들을 다 들먹인다. '산을 산'으로 보지 않는 소유의 마음이 생긴다. 인적 드문 야산에서도 야릇한 욕망이 생기다니. 인간의 마음이란 욕망이 잘 자라는 동산일까.
  동물 본능의 요의를 느낀다. 엉덩이를 까고 영역을 표시한다. 오줌이여, 욕망의 풀을 좀 시들게 하라! 주문을 넌다.

  다시 길을 찾는다. 산은 산! 그것은 신을 부르는 소리요 사랑의 대상인 것을. 이제 무심하게, 무아의 상태로 산을 봐야겠다.

## 우둔의 협곡을 날다

　돼지 구이 냄새는 코로 스멀스멀 올라오고 돼지기름은 끈적이며 살갗에 묻어났다. 낮에 입던 옷으로 침대에 들어가면 내일 아침, 내 몸은 사흘 만에 '물꼬라지'를 볼 것이다. 미국 여행의 첫날, 밤 11시가 넘어도 물이 나올 생각을 안 하는 것이다.
　'멍청한 것일수록 맛이 좋다.' 참스 램 수필 〈만우절〉에 나오는 대목이다. 객실의 열쇠를 나눠줄 때 가이드는 1시간 뒤면 물이 나올 것이라 했다. 8시에 들어왔으니 9시는 아니라도 10시에는 나와야 하지 않겠는가. 내 우둔의 성미가 슬슬 대가리를 내밀며 어떤 맛을 준비하기 시작한다.
　남편을 객실에 내버려 두고 방을 나와 로비로 가는 출입문을 찾는다. 이상하다, 분명 들어설 때 건물 중간쯤에 출입문이 있었는데 못 찾겠다. 몇 번이나 기웃거려도 출입문은 보이지 않는다.

긴 복도를 따라간다. 그놈의 질긴 돼지 구이 냄새도 따라온다. 인내의 얼음덩이가 질질 녹기 시작할 무렵 잠기지 않은 문이 복도 끝에 나타난다. 심호흡을 하며 빼꼼히 문을 민다. 찻길도 보이고 눈 아래 샛길이 지나간다. 이 머나먼 이국땅에도 샛길이 있구나. 멀리 호텔 정문의 불빛이 휘황하다.

샛길로 가서 저 로비의 회전문을 밀고 들어가리라는 생각과 동시에 미국엔 칼 든 강도가 많다던데 저 아래 하얀 샛길에 강도가 불쑥 나타날 것이고 나는 두 손을 들고 덜덜 떨 것이다.

이 돼지 구이 찝찝한 냄새를 참을 것인가, 으슥함을 뚫고 바깥 샛길로 나갈 것인가. 머릿속에서 갈등의 칼날이 번쩍번쩍 부딪힌다. 샛길의 유혹이 승리의 손을 든다. 계단을 따라 샛길을 밟으니 옆으로 흐르던 샛강이 허덕허덕 따라오며 발목을 감는다. 깊은 늪과 하얀 어둠을 몇 차례 밟았을까, 호텔 회전문이 비로소 나타난다.

강도를 만난 것보다 더 쌕쌕거리며 숨소리를 몰아 가슴 깊숙이 숨기고 다짜고짜 "핫 워러Hot water"소리쳤다. 대뜸 지배인하는 말 "노 워러NO WATER! 노 샤워NO SHOWER!"하고 더 큰소리를 친다. 그리고는 아주 당연한 듯 딴 일을 본다.

쏘리sorry하고 한마디만 했다면 나는 끝까지 가지 않았을 것이다. 어이가 없어 가이드 전화번호를 댔더니 수화기를 건넨다. 뚜르르르 ~ 가이드는 목구멍으로 잠을 자는지 "내가 어~쩝니까?"하고 굼뜨게 말했다. 빨리 고치라고 채근이라도 해야지 않느냐며 주거니 받거니 실랑이를 하다가 전화를 끊었다.

전등은 졸고 소용돌이가 지나간 로비는 고요하다. 지배인과는 말이 안 통하고 이제 무엇을 해야 하나. 밖에는 차들만 심심하게 오가는 여기는 머나먼 아메리카, 광야에 홀로선 기분이었다. 숙소동과 로비 사이에 비치는 바나나만 한 달은 조금도 위로가 되지 못했다.

 '내가 빽이다'란 말을 입속에서 되뇌며 두 손을 불끈 쥐자 슬리퍼를 끌며 반바지를 입은 가이드가 로비에 나타났다. 기생오라비 만난 듯 반가웠지만, 짐짓 숨기고 먹이를 만난 하이에나마냥 쏘아붙였다. ―이런 벱이 어딨냐? 물이 잘 나오는지 알아봤어야 할 게 아니냐! 안 되면 다른 호텔이라도 잡아야지 이게 무슨 경우냐― 핏대를 세웠다.

 로비에서 서성이던 한 부부가 내 말에 동조하는 눈빛을 보냈다. 어쨌든 오늘 밤으로 공사를 해서 물이 나오도록 한다는 말을 듣고 숙소로 향했다. 사실은 그 지역 전체가 수도관이 터져 물 공급이 끊긴 것이다. 지배인 아니라 트럼프가 와도 어쩔 수 없는 형편이었다. 달걀로 바위만 친 격이었다.

 하지만 그다음이 낭패다. 엉겁결에 키도 가지고 나오지 않았고 방 번호도 모르겠다. 짧은 영어로 손짓 발짓 해 가며 지배인에게 방으로 들어간 가이드를 찾으니 비상키를 준다. 출입문 앞에 섰으나 이번엔 사용법을 몰라 헤매야 했다.

 ˙젠장 맞을 돼지 구이 냄새는 끝까지 따라붙는다. 로비로 다시 들어오니 어디선가 남편이 나타났다. 기분대로 했으면 남편의 목덜미를 낚아서 로비 바닥에 내동댕이치고 싶었다. 방안에서 항의하라고 몇 번 얘기했으나 듣지 않아 티격태격하고 나온 터였다.

오히려 소란을 피운 나의 마누라를 이해해 달라는지 가이드를 구석으로 데리고 갔다. 한참을 속닥이더니 냉장고에서 물병 하나를 끄집어내선 흔들며 워러 서비스water service! 소리치곤 나를 끌고 숙소 동으로 간다.

키를 위에서 아래로 넣었다 빼니 파란 불이 켜지면서 문이 열린다. 넣었다 빼는 것, 갖다 대기만 하는 것, 넣고 기다리는 것…, 구구 각색이다. 세상의 열쇠만큼 사람살이도 다르다.

낮에 본 할리우드를 한 번 더 여행하는 걸까, 복도를 지나가는데 일행들의 방은 태평이다. 그랜드캐년 보다 더 굴곡진 미 서부 여행의 첫날밤이었다.

램은 '사람의 이것저것 섞인 성격 속에 바보 같은 기미가 없는 인간은 그 타고난 기질 속에 훨씬 못된 것을 적잖이 숨기고 있다.'고 했다. 나의 못된 기질로 나는 바보는 아니었는지 모르지만 넘치는 우둔함 때문에 맛있는 고기가 되어 장난의 신에게 맛있는 안줏거리가 되었지 싶다.

어쨌든 그때의 못다 한 화의 찌꺼기는 자주 부화하여 알 수도 없는 협곡 위를 날고 있다. 할리우드의 야산에서 탱크가 터지고 뽑힌 나무가 뚜벅뚜벅 열린 창으로 걸어 들어오고 공장에서 쏟아진 검은 물이 강바닥에 가라앉았다가 아나콘다처럼 굽어진다. 내 성미의 우둔산 협곡이 깊이를 알 수 없을 정도로 깊다는 걸 처음 알았다.

## 날아간 새

"여기 함 봐!"

남편이 창문을 두드리며 어깨를 으쓱 들어 올린다. 그의 어깨에 뭔가 움직인다.

"어, 그게 뭐야?"

모자가 이상하게 무거워 벗어보니 낯선 새가 있더란다. 잔디밭 잡초 뽑는 남정네의 밀짚모자가 바다 위 무인도로 보였을까. 겁도 없이 머리에서 어깨로 등으로 자신의 놀이터처럼 돌아다닌다. 어른 팔뚝만한 크기에 노랑과 초록이 잘 배색 된 아름다운 새다.

손에 앉혀 부엌으로 모셨다. 마침 사 놓은 조가 있어 한 움큼 접시에 담아주자 제법 잘 먹는다. 도망치려고 아무것도 못 먹었겠다. 청회색 날개에 꽁지엔 푸른 솔잎이 꽂혀 있다. 솔가지에 찔렸나 싶어 솔잎을 뽑아 주려고 잡아당기자 움찟거리며 몸 전체가 딸려 온다. 솔잎이 아니라 꽁지다. 허허 이런 무식한지고.

　다시 마당으로 나가니 두 마리 강아지가 이 낯선 손님의 냄새를 맡으려고 뛰어오르며 난리다. 강아지 입이 닿지 않게 그는 팔뚝에 올린다. '세상에 이런 일'이란 프로그램에서 몸에 새를 붙이고 다니는 사람을 본 적 있는데 그와 흡사하다. 나는 사진을 찍으면서도 속으로 얼른 날아가길 바란다.

　한편 새의 예쁜 짓을 보니 욕심도 생긴다. 키워 봐?~. 반려용 새가 새장을 탈출했는지 원래 사람을 좋아하는 야생인지 알 수 없다. 조류 사진작가에게 사진을 날렸더니 반려용 앵무새란다. 새장을 사야 하나, 말아야 하나 고민하는 찰나 강아지가 그만 거칠게 뛰어오르는 바람에 포르릉 날아서 집 주위의 대숲으로 가버린다.

　속으로 잘 됐다 싶었다. 약간은 키우고 싶은 마음이 있긴 있었다. 욕심을 내면 욕심의 새장에 갇히게 됨은 불 보듯 뻔하다. 법정 스님이 애지중지 키우던 난을 다 남에게 줘 버리고 홀가분 해하던 마음을 알 것 같다. 새가 너무 예뻐 키워 볼까 하고 스치던 아찔한 생각이여 안녕.

　새장 안에서 따뜻함과 편안함을 누리고 인간과 정을 나누며 살던 새는 사나운 짐승의 위협과 추위와 맞서서 아름다운 새가 되기를 꿈꿨을까. 새장을 박차고 나와 귀촌한 한 남자의 보릿대 모자 위에서 잠시 어떡할까 고민했을지도 모른다. 그러다가 새장을 사서 가두려는 인간의 마음을 눈치 채고는 포르릉 날아가서는 다시는 돌아오지 않는다. 정말 홀가분하다.

## 문수보살

절 마당에서 그녀와 합장하고 헤어진다.

"아, 잠시, 책 한 권 주려고 가져 왔는데."
"다음에 주세요."
두근거리며, 쫄깃거리며 차에 실었는데. 아닌가, 조수석에 휙 던져 두었던가. 조심스럽게 건넬 장면을 생각했는데 단번에 '다음'이란 두 글자로 마무리되다니. 그녀는 법당으로 들어가고 샐쭉해진 나는 절 밖으로 나간다. 엄청난 한파가 몰아닥쳐 사시불공 중에도 사시나무처럼 떨었다.
주차장엔 그녀의 차가 바로 내 차 옆에 있다. 들어갈 때 봤는데 왜 그 생각을 못 했지. 시동을 걸고 그녀에게 전화한다. 보닛에 얹어 둔다고. 다른 사람이 가져간다면 그건 더 좋은 일.

문학단체에서 낸 올해의 동인지다. 내 분량의 책을 받을 때마다 누구에게 주나, 걱정이 앞선다. 한편의 글을 쓰기 위해 심혈을 쏟기는 유명 작가나 무명작가나 마찬가진데 나오고 나면 나눠 주는 일이 부담이다.

엔진을 데운다. 추운 겨울엔 시동을 걸자마자 출발하면 매연이 발생한다고 수차례 듣고도 못 했는데 오늘 한번 해 보는 거다. 사실은 내 언 마음을 데우는 거다. 내 마음의 매연을 줄이는 거다. 행여 그녀가 다시 나올까 하고 시간을 끄는 거다.

거짓말처럼 그녀가 절 밖으로 나온다. 한쪽 팔에는 할머니 보살을 부축하고 한쪽 손으론 노 보살의 밀차를 들었다. 나는 뒤로 차를 빼며 한 번 더 잘 봐 달라는 인사를 한다. 계단을 내려선 그녀의 두 손이 잠시 자유로워지며 보닛의 책을 집어 든다.

후루룩! 순식간에 책장이 넘어간다. 생경하면서도 익숙하다. 표지의 붉은 꽃송이가 바람에 날아가겠다. 책을 펼칠 때는 너나 없이 희한하게 식은 국 둘러 마시듯 후루룩 넘길까. 너무 뜨거워 식히는 것일까. 마음의 삐죽한 얼음 조각이 시비를 건다. 얼굴이 달아오른다. 엔진에 열이 올라서 그런가.

절간에서 그녀는 할머니 보살 댁에 놀러 가도 되냐고 했다. 그녀는 오후의 시간을 외롭게 혼자 사는 팔순 할머니를 집에까지 모셔다드리고 벗이 될 것이다. 세속의 책, 이게 뭐라고 꼼꼼히, 머리 아프게 읽을 것인가.

무안하면 잡고 숨던 엄마의 치마폭처럼 운전대에 육신을 맡기고 바깥세상을 살핀다. 그녀는 지금 부처님의 품 안에서 충분히 위안 받고 복락을 누리며 속세 따위는 안중에 없을 텐데 억지로 책을 떠안겨서 미안하다. 책, 너한테도 미안하다. 억지로 내보내서.

마음은 풀리는지 꼬이는지 요동이다. 누군가에게 책을 받으면 나만의 세계 속으로 들어가려던 설렘으로 두근댔는데, 조용한 곳에서 소중한 보물을 만지듯 표지를 열었는데, 차례를 보고 첫 줄을 읽고 군데군데 맛을 보고 마지막도 훑어보고 야심한 밤을 기다렸는데, 요즘은 누가 책을 줘도 시큰둥하다. 인사치레로 좋은 척, 솔직히 안 받았으면 한다.

책상 앞은 어지럽다. 구독하는 월간지와 누군가 보낸 책들, 도서관 대출과 서점에서 사들인 것, 언제 다 읽을지 버겁다. 포장지를 풀지도 못하고 쌓일 때도 있다. 모르는 식물 하나를 캐기 위해 세상의 산을 다 뒤지는 느낌이다. 압박감이다.

독서가 정신을 윤택하게 할 것이라 믿었는데 오히려 메마름으로 바뀌다니.

지인들이 언제 책 낼 거냐고 물어온다. 조금 있으면 나오겠지…. 얼버무린다. 수십 권의 책을 내는 작가님들도 계신데 책 한 권 내고 발발 떨고 있다.

길 건너편에 멋진 집이 있다. 오랫동안 저쪽 집으로 가 보지 못했다. 어느 날 몰래 들어가 봤다. 앞뒤로 두 개의 지붕이 만들어졌지만 실은 현관과 거실처럼 연결되어 있다.

　희한하다. 둘 다 화장실이다. 누군가 뒤쫓아 와선 나보다 앞서 들어간다. 화장실 본 김에 볼일을 본다고. 나는 누군가를 밀쳐낸다. 누군가는 해코지하려 한다. 꿈인 줄 알면서도 졸인다. 어흐흥 소리가 튀어나온다. 한 번 어흐흥 거리니 연속해서 잘도 나온다. 내 키가 쑥쑥 공중으로 올라간다. 무서움이 달아난다. 누군가는 놀라 뒷걸음치며 도망간다. 얼마나 높이 솟았는지 땅이 안 보인다. 화장실은 넓고 깨끗했다. 마치 신전 같았다.

　꿈이었다. 나의 화장실, 나의 신전은 두 집[1]으로 완성될지 모른다. 마음이 편해진다. 누군가에게 내 생각과 영혼이 내팽개쳐질 숫자를 줄이고 싶다. 글을 쓴다는 것은 마음의 깊이를 키우는 일이지 대중에게 인기를 얻는 일은 아닌 듯하다. 다른 사람의 시간과 생각을 애써 빼앗아서도 안 되겠다. 내 안의 글 벌레를 쓸어 담아 사각의 상자 안에 기르는 버릇이야 또 어쩔 수 없지만.

　잘 읽었다고 문자가 왔다. 고마운 일이다. 그녀는 어쩌면 책에 갇힌 나를 풀어주려는 문수보살의 화신인지도 모르겠다.

---

1) 두 집 : 1. 시집 『빨간 그물코 스타킹』
　　　　　2. 수필집 『신발 신는 시간』

# 홈

뒷산에 오솔길을 냈다. 오래전 흔적을 따라 매끈하게 다듬었다. 마을 사람들이 나이가 많아지니 자연 산길 왕래도 없어진 지 오래다. 풀을 베고 돌을 줍고 나뭇가지를 잘랐다. 산을 오르내리는 데 아무 문제가 없게 되었다.

즐겁게 산을 오르내리길 어느 날 엉덩방아를 찧으며 미끄러지고 말았다. 장애물이 너무 없어서다. 비스듬하긴 해도 이쯤은 괜찮으리라 여겼는데 그건 사람의 생각일 뿐 길의 생각은 달랐다. 할 수 없이 곡괭이로 매끈한 길에 다시 홈을 팠다. 울퉁불퉁하게 만들었다. 딛는 느낌도 매끈한 것보다 훨씬 좋았다.

요즘 등산로에 데카를 깔아 안전하고 깔끔하게 만들어 놓은 데가 많다. 데카 계단을 오를 때마다 무릎이 힘들다. 사람마다 보폭이 다르고 힘주는 자세도 다른데 일정하게 계단을 만들어 놓으니 무리다. 나무 계단이긴 하나 자연미도 없다. 돈을 들여 문젯거리를 만든 듯하다.

인위적으로 계단을 만든다고 자연이 극히 보호되는 것도 아니다. 사람의 편의만 생각하고 자연을 생각하지 않아서다. 방부목 도료에서 나오는 화학 물질이 식물 성장을 방해하고 부속품이 낡아 빠져 땅에 나뒹굴기도 한다.

손을 잡고 올라가는 밧줄을 매면서 나무 둥치에 못을 쳐 오히려 훼손이 더 심한 곳도 보았다. 과유불급이다. 지나친 친절로 자연을 병들게 했다.

사람 사이에 오가는 마음도 그리리라. 상대를 위해 너무 좋은 모습만 보이면 어느 날 서로 미끄러져 배신을 당할 수 있다. 저 사람은 항상 좋아, 그러다 허물없이 대한 것이 상처가 되어 엄청난 강을 건너기도 한다.

산길을 다듬다가 홈이 있어야 발 놓을 자리가 있음을 깨닫는다. 마음의 길도 조금 비뚤고 울퉁불퉁한 곳이 있어야겠다. 오래된 사이는 매끈해지는 것이 아니라 가지고 있는 흠집과 홈을 드러내 그 홈 위에 상대의 발을 딛도록 하는 것이 진정한 배려 아닐까.

# 회화의 괴물

 정상에 오르자마자 바위에 털썩 주저앉았다. 조그만 야산이라도 산은 산이다. 깊은 숨을 토한다. 뒷집 여자도 지친 다리를 쭉 뻗는다. 강아지를 데리고 먼저 도착한 우리 집 양반, 호수를 내려다보고 있다가 뒤돌아선다. 갑자기 무릎을 꿇고 뒷집 여자의 발 앞에 앉는다.
 뒷집 여자의 운동화 끈은 반쯤 풀려 있었다. 남편은 여자의 발을 당겨 운동화 끈을 풀어 차근차근 다시 맨다. 나비 고리가 아닌 외고리로 맨다. '풀 때 요것만 착 당기면 쉽게 풀어진다.'며 끈 한쪽을 잡아당기는 시늉까지 보인다.

 숨을 몰아쉬며 산을 오를 때 여자의 운동화 끈이 자꾸만 풀려서 나는 아무 생각 없이 그녀에게 끈 풀어졌다고 말했다. 여자는 얼기설기 늘어진 끈 사이로 신발 끈을 밀어 넣었다. 허리를 자주 굽혔으나 나는 예사로 생각했다.

　산을 오르는 일은 옆 돌아볼 새가 없고 생각은 뒤따라오기에 벅차다. 사는 일이 이와 같아서 순간순간이 헐떡이며 지나간다. 남편의 손이 외고리 푸는 시늉을 할 때 내가 가질 큰 행운을 놓쳐버린 억울함과 무안함으로 얼굴이 확 달아올랐다.

　뒷집 여자는 처녀 시절 사고를 당해 한쪽 팔로만 살아간다. 어찌 내가 그 생각을 못 했을까.

　여자는 평소에 옷차림도 늘어졌다. 저 여자 나이가 들어갈수록 옷을 펄렁하게 입고 무녀스러운 분위기로 변해간다고 무심결에 말하기도 했다. 남편의 단호한 말, 남의 형편 제대로 알지 못하면서 그런 말 하지 말란다. 팔이 없으니 어찌 옷을 단정히 입을 수 있겠냐? 당겨서 묶고 잠그는 옷이 아니라 그냥 걸치는 옷을 마련치 않겠느냐, 자신의 취약한 부분을 가리려면 그래야 하는 것 아니냐고 한다. 맞는 말이다.

　죽비는 따로 있는 게 아니었다. 알고 보니 내게 크나큰 장애가 있음을 알았다. 남의 입장은 전혀 살피지 않는 습성과 얼마나 내 위주로 사는가를. 글 쓴다는 것을 과시하기 위해 남을 비판하는 눈과 입만 키워 바로 앞에 누군가의 아픔을 볼 수 없었다니.

　돌아간 눈, 튀어나온 입, 어디 그뿐일까. 정신 상태마저 뒤틀어진 프란시스 베이컨의 그림 '회화의 괴물'이 아닐 수 없다.

## 버티기

 애들 못 본 지 두 해가 지나간다. 뒷산 전망대에 오른 아담은 최초의 생명을 얻은 듯 고고한 함성을 지른다. 야성을 드러내며 하늘을 들어 올린다. 제멋대로 솟은 나무나 노래하는 새들이 가족이요 산의 요소요소가 동무다.
 산 이름은 장아산, 장어를 어떤 이들은 장아라 하기도 한다지. 헤엄치는 장어를 닮았단다. 진양호에 장어가 많이 자생하는 것도 주변 지형을 닮아서 그런가 보다. 생명은 외로워 이웃을 닮는다.
 이태 가까이 뜨고 지는 해는 아무런 도움도 못 되었다. 느닷없이 철컥 문이 잠기고 코로나바이러스가 활개를 치며 확진자 수는 주가 갱신하듯 TV 화면을 달군다. 무료란 봉사활동과 잘 어울리는 단어라고 여겼는데 목구멍에서 흐응하는 곡조가 터진다. 이게 그 무서운 외로움이란 걸까. 고립의 섬은 무심결에 나타나 아가리를 벌린다.

'산 일부를 사면 산 것만 우리 산, 안 사면 모두가 우리 산!' 뒷산을 안 산 것은 다행이었다. 이사를 오고 얼마 안 돼 산 한쪽을 판다기에 살까 말까 망설이다 결국 안 샀다. 샀다면 거기 얽매여 무료하진 않았겠지만 즐거움을 놓쳤으리라. 뒷산은 아담과 이브의 친구요, 놀이터요, 문명이며 세계다. 그러니 이정표가 필요하다.

외롭지 않으려면 이름을 붙여야 한다. 아흐 이상해라, 내 심장에 고물거리는 이건 무엇인가. 이름을 붙이니 소유적 마음이 생긴다. 산 넝쿨을 베어내니 내 마음에서 자라나는 넝쿨에 소스라친다.

어쩌다 등산객을 만나면 반가움, 고마움 뒤에 따라오는 얄미움, 적개심 같은 못된 마음이 동시에 일어난다. 한마디로 걸쩍지근하다. 이게 텃세라는 건가. 애써 사귄 동무인 산의 식구들을 뉘가 뺏어 가는 기분도 든다. 외로움의 변신이다. 거기다 마스크를 안 쓰고 있으면 더욱 얄밉다. 그들이 역병으로 보인다. 상대방도 비슷한 마음이겠지. 스스로 짓는 업이 무섭다.

첫 이름을 붙인 '느티나무 쉼터'는 느티나무가 점점 많아지는 곳. 앞서 오른 아담이 돌팍에 보온병을 꺼내 커피나 약차를 부어놓으면 개장 끝. 아침 해가 빼꼼히 얼굴을 비추면 반갑다, 해야 너도 한잔! 손부채로 향을 실어 보낸다. 이리 와 오색딱다구리야 목탁만 치지 말고, 늘어선 밤나무야, 골무꽃 너도 이리 와, 한잔해…. 가족들과 인사를 나눈다. 자신의 빛으로 맑아지는 것도 인간이구나.

아담과 이브의 진정한 오솔길은 '돼지 목욕탕'에서부터다. 멧돼지가 소나무에 얼마나 몸을 비비고 목욕을 했던지 껍질이 벗겨져 소나무 한 그루가 죽어간다. 처음엔 쉭쉭 야생의 거친 숨소리에 선뜻 발을 디밀기가 무서웠다. 아담과 이브는 자기 땅이라도 되는 양 예취기로 길을 냈다. 숲의 생명력은 대단했다. 한 번 물러섰다고 그대로 있는 것은 아니다. 넝쿨은 욕망처럼 밀고 들어왔다.

'물빛봉우리'는 진양호 물빛이 보인다 해서 붙인 이름이다. 저 멀리 사천 완사까지 햇빛에 반사된 수면이 보인다. 꽝꽝 언 얼음 바닥 같기도 하다. 까뮈는 『티파사의 결혼』에서 '봄철에 티파사에는 신이 내려와 산다'고 했던가. 진양호의 신은 덕천, 경호강을 따라와 여기서 무한히 반짝이다가 진주 사람의 가슴으로 스밀 것이다. 『페스트』에 나오는 오랑의 도시처럼 이곳에 올라오면 더 나아갈 수 없는 봉쇄감도 함께 느낀다. 어차피 이 산에선 뒤돌아서야 한다.

이 산은 백두대간의 끝자락인 진양기맥이다. 북쪽은 지리산, 동쪽으로 월아산, 서쪽으로 하동 금오산, 남쪽은 삼천포 와룡산, 멀리 남해 금산이 희미하다. 주변 산이 연꽃잎처럼 펼쳐져 미묘한 세계를 맛본다. 산은 꽃잎이요 우린 꽃심이다. 우린 비로소 산이 된다.

물빛봉우리에서 조금 더 가면 '호돌바위'다. 전망대로 가는 내리막이다. 길을 낼 때 강아지 두 마리를 데리고 다녔다. 그중 호돌이란 녀석이 바위에 앉아 시내를 하염없이 바라보았다. 뉘가 보면 영락없는 명상의 자세다. 어떤 도사의 참선인 듯, 패기 넘치던 아담의 쓸쓸한 뒷모습 같아 붙인 이름이다. 되돌아올 땐 숨이 멎도록 가파르고 미끄러운 고난도 지점이다.

산은 어딜 가나 목을 타고 오르는 데가 가장 힘이 든다. 사람의 목도 아무나 매달리지 못한다. 목숨 건 사랑만이 그 목에 매달릴 자격이 있다. 목을 타고 내려가면 펑퍼짐한 바위가 있는데 진양호가 더 가까이 보인다. 한겨울에도 바람이 없고 햇볕이 따스해 살을 드러내고 일광욕하기에 좋은 '양지 바위'가 가슴팍처럼 비스듬히 누워있다.

우리의 마지막 코스 '전망대'는 실오라기 하나 걸치지 않아도 좋은 에덴동산이다. 여름엔 집채같은 굴밤나무가 그늘을 만든다. 여기서 맨살 드러내고 햇살 쪼이는 기쁨에 거의 매일 올라온다. 역병으로 어수선한 시간과 노년으로 가는 쓸쓸함을 견딘다.

전쟁 때마다 사람들은 산으로 숨었다. 코로나 역시 보이지 않는 총탄, 마스크를 벗고 제대로 된 공기를 들이마시기엔 산이 최고다. 산은 날마다 조금씩 달라지며 지루할 틈을 주지 않는다. 무엇이든 새로운 것을 싣고 오는 열차다.

엊그제 밤꽃향이 그윽했는데 벌써 밤송이가 떨어진다. 마른 풀 향이 코끝에 스친다. 마지막 대목장을 여는지 매미가 일제히 목청을 뽑는다. 아릿한 추정秋情, 목숨 있는 것들의 애달픔이 솜털에 전해진다.

올 추석에도 자식들 오지 말라고 전화를 해야 하나. 이브 역시 두 팔을 뻗어 올리며 아 으~ 소리를 질러 본다. 그리고 버틴다.

나도 모르는 야생의 털이 돋는다. 함께 오래 하면 비슷한 모습이 된다는 데 이태를 뒷산으로 올라온 아담과 이브는 어떤 모습이 될지 궁금해진다. 으 흐 흐 자꾸 늑대 소리가 나온다. 원초적 슬픔을 토한다.

산에 올라 산과 어울리는 일도, 우리 말고 산에 오는 낯선 자들에 대한 반감도, 모든 게 슬픔이다. 마스크 벗고 자연스레 핏줄 만나 웃고 우는 일이 새삼 얼마나 복된 일인지 이제야 알 것 같다.

2부
# 신발 신는 시간

조물주에게

신발 신는 시간

위안

대나무의 바림질

태점

말의 생명

붉은 등

조산 – 조새미

그리운 산

# 조물주에게

 참으로 민망하지만 터놓지 않을 수 없는 이야기 하나 들어 주세요. 터키에서 일어난 일이었어요. 아시아의 끝에서 바로 한국으로 달려오기는 쉽지 않죠. 안탈리아에서 앙카라로 들어가기 전 휴게소에서 가이드는 화장실 다녀오라 했어요. 모두가 일어나 화장실 가는 동안 피곤한 머리를 뒤로 눕히고 눈을 붙였죠. 한국군 묘지가 그날의 마지막 코스라 거기 가서 소피를 봐도 좋겠단 생각이었죠.

 드디어 한국군 공원, 대형 태극기를 보니 눈시울이 시큰했죠. 정문으로 가니 웬걸, 문이 닫혔어요. 그때까지만 해도 참을 것 같아 숙소에 가면 해결될 것이라 믿었고 다시 버스에 올랐죠. 시내 복판으로 들어서니 그 넓은 나라도 러시아워가 있네요. 캄캄하게 길이 막혔지요.

 어딜 가나 복병은 나타나나 봐요. 아득함이 밀려들었어요. 빨리 내 나라로 돌아가고 싶었어요. 우리 집 화장실이 그때만큼 그리운 적이 없었지요. 이럴 때 날개가 있다면 대한민국으로 날아가 쉬를 하고 올 텐데.

슬슬 마려운 오줌 기, 길은 꿈쩍도 하지 않고, 아예 길은 없는 것 같았어요. 허리를 바로 세우다가, 몸을 뒤틀다가, 두 다리를 꼬다가, 엉거주춤 일어서다가, 한계상황에 부닥쳤어요.

옆으로 좀 빼서 큰 상가 같은데 좀 대라 해도 기사는 막무가내. 아휴, 융통성 없는 나라. 법규 존중만 알지 인간 존중을 못 하는 멍청한 나라. '노'라는 말밖에 할 줄 모르는 기사.

참자, 조금만 더 참자. 한 시간, 아니 열 시간도 더 기다린 듯했어요. 나중엔 머리가 아프고 아랫도리가 터지려 했지요. 이래선 안 되겠다. 차는 거북이가 된 지 오래, 구조요청을 안 할 수 있나요.

고통은 역시 주변에 알려야 하는 것, 일행들이 뒤 출입문 계단에 쓰레기통을 가져다 놓고 커다란 보자기로 커튼을 쳐서 무대장치가 완벽해지고 나는 염치 불고하며 연기의 삼매에 들었지요. 쉬소리의 효과음은 어찌 그리 큰지, 민망함과 동시에 쓰레기통의 고마움을 느꼈어요. 아휴 시원해! 세상 부러울 것 없었어요. 터키 관광은 그것으로 대만족이었지요. 제대로 친하지 못한 일행들의 배려에도 눈물 났어요. 한국묘지에서 태극기를 보고 찡하게 막혔던 콧방울도 탁 트였어요. 위급은 엉겁결에 기지를 발휘하나 봐요.

소녀는 오줌보가 작은지 자주 오줌을 누었어요. 학교 다녀오는 길 보리밭이나 고구마밭 사이로 달려가기 일쑤였어요. 요즘도 비슷한 상황은 일어나지요. 동료의 자동차에 합승해 출장을 다녀오다 고속도로 갓길에 응급 주차를 하고 산자락으로 기어들어 볼일을 보기도 하고 언 눈길에 거북 운전하다 차들이 옴짝달싹 못 하는 틈을 타 차 문으로 간이 화장실을 만들어 긴급히 일을 해결하기도 하지요. 부끄러움이 잦으면 철면피가 되나 봐요.

 의사는 아무 문제없다고 해요. 아무렴 이건 병이 아니지요. 누구라도 이쯤 되면 그러지 않을까요. 습관인지, 마음인지, 준비성이 없어서인지 그중 하나는 범인임이 틀림없어요. 아무래도 좋아요. 이건 나의 문제가 아니라 원초적 원인을 찾아야 하는 일이지요. 조물주에게 고통을 호소해야겠어요.

 조물주가 오줌길을 팔꿈치쯤에 만들었으면 얼마나 좋아요. 화장실이 없는 곳에서 신호가 오면 주저 없이 플라스틱병이나 비닐봉지에 바로 해결이 가능할 것 아닌가요. 페트병이나 비닐봉지 나올 것을 예측하지 못했다고요. 그럼 조물주가 아니지요. 전지전능에 금이 갈 것이니 지금이라도 대책을 수립하셔야 하는 것 아닌가요.

 여자들에게만 아랫도리를 끌어내려 오줌을 누도록 한 것은 실수였어요. 여자들을 더 불편하게 한 것은 처음부터 공평하지 못한 처사네요. 좀 기능적으로 설계했다면 나 같은 사람이 덜 불안하게 살 것 아닌가요. 다른 것은 두 개를 잘도 만들었더만 오줌길은 왜 하나만 만들었는지. 손목에서 팔꿈치 사이 어디에 길 하나 더 내었다면 얼마나 좋았을까요.

 그랬다면 복식업계는 팔목용 팬티로 호황을 누릴 것이고 세금을 더 많이 내어 복지국가 건설에 도움을 주겠지요. 디자이너, 염색업자, 직물공장, 특히 상품 안내자는 아침 방송에 나와 팔목용 팬티를 무려 15개나 준다며 호호 낭랑 잠을 깨우겠지요. 아마도 도기 업체는 팔목용 요강을 공공장소 어딘가 본보기로 설치하여 홍보에 열을 올리겠지요. 늦게나마 조물주의 심도 있는 인간 설계를 촉구하며 머리띠를 두르는 바입니다.

 만약 당신이 내 의사를 받아들여 오줌길을 개선할 의향이 있다면 참작해야 할 사안이 하나 있네요. 아무 곳에나 쉬를 할 자들이 태어날 것이라 봅니다. 싱크대나 세면대에 팔을 내밀 때 그 오줌길은 단번에 막아버리거나 위대하신 힘으로 나타나시어 그들을 바로 하늘로 끌어올리는 법을 참작해 주십사 첨언하는 바입니다.

# 신발 신는 시간

뒤축을 바로 세우지 않고 신발을 끌고 나간다. 무지외반증에다 발톱이 살을 파고들어서다. 무단히 신발을 경멸한다. 신어서 편하고 신고 벗기에 번거롭지 않은 신발을 찾아 헤맸으나 찾을 수 없다. 우주를 누비는 오늘날 몸을 편안하게 해주는 신발 하나 만들 기술자가 없을까.

새 운동화를 사면 뒤꿈치를 벌겋게 까놓기 일쑤고 한복에 어울리는 당혜는 종일 발을 옥죄어 남몰래 벗었다 꿰었다 하며 발가락을 꼼지락거려야 한다. 부츠는 신기만 하면 따뜻하게 발을 감쌀 줄 알았는데 그것도 아니었다. 발이 시리긴 마찬가지고 발등을 눌러 불편했다. 슬리퍼는 어떠냐고? 그 역시 바닥이 얇아서 휘적거리고 안정감이 없다. 조세핀이 신었던 슬리퍼는 아주 볼이 좁고 뒤축이 없어 여성의 활동을 가두었다고 한다. 멀리 걷거나 예의를 차려야 할 땐 부적합하다.

출입구에서 엉덩이를 퍼질고 앉아 끄집어 올리지 않아도 되는 부츠는 없는가. 아픈 허리를 숙이고 쭈그러진 자세로 우아한 부츠를 신어야 하는가. 뒤축을 세우고 끈을 매기 위해 손가락까지 써야 하는가. 아무리 비가 내려도 물이 들어오지 않는 예쁜 하이힐은 없는가. 낭만은커녕 애인의 자존심을 구기고 나도 덩달아 축축해진다.

축제장에 갔다가 발이 아파 버려진 박스를 깔고 앉아 지나가는 사람들을 구경한다. 모두 다른 신발을 신었다. 그들은 속삭이며 간다. 하나도 같은 사랑이 없듯 모두 다른 인생이다. 하지만 나를 만족시킬 말은 아니다. 시리아의 작가 퍼블리리우스도 불만이 많았던 모양이다. 모든 발에 다 맞는 신발은 없단다. 150여 년 전 프랑스 여성들은 부츠를 신기 위해 스무 개의 구멍으로 끈을 넣고 빼며 묶었다 한다. 발바닥이 가려웠다면 벗는 동안 얼마나 진저리를 쳤을까.

내 키가 어른들의 아랫도리에 머물 때다. 처음으로 버스를 타는데 너무 깨끗해 방에 들어가듯 신을 길바닥에 벗고 올랐다. 자갈길을 흔들며 가는 중간중간 사람들을 태우니 어느덧 만원이었다. 어른들 다리 사이에서 안절부절못할 때 하얀 종아리 두 개가 보였다. 그 종아리의 맨발은 못 위에 올려진 게 아닌가. 자꾸 밀려가면 나도 저 못 위에 맨발이 얹힐 것 같아 조마조마했다.

지금 생각하니 짧은 치마에 하이힐을 신었던 모양이다. 차에서 내렸을 때 엄마는 신발을 잃어버렸다고 야단을 쳤다. 못 위의 맨살이 두려워 울음을 내질렀다.

어린 날 버스에서 만난 광경은 바로 먼 훗날의 예고편이었을까. 바위 위의 소나무처럼 발가락이 틀어지고 굽었다. 세상이란 자동차 위에서 밀리고 밀려 결국은 뾰족한 못 위에 얹혀살아가는 것과 다름이 없다. 새 신을 사면서 발의 근심이 싹 가시길 바랐으나 신어보면 편치가 않다. 불편을 돈을 주고 산 것 같아 후회막심이다.

 그렇다고 맨발로 다닌다는 생각은 할 수 없다. 어떻게 하든 목적지까지 모시는 충신이지 않은가. 맨발로 다니는 종족이 있다고는 하나 위험하다. 발을 보호해 주는데 이것 말고 무엇이 있을까. 자동차는 현관문으로 들어오지 못하고 양말은 나름의 한계를 넘지 못한다.

 신발은 참으로 잘 고안된 창작물이다. 신성한 모성인 대지에 살갗이 직접 닿아 진화했다면 땅을 만만하게 보고 더욱 교만했을지 모른다. 이를 알아차린 원시인은 땅과 사람 사이에 칸막이를 생각해 냈을 것이다.

 이렇게 탄생한 신발은 옷에 맞추어 고를 수 있는 재미를 준다. 개성 있는 디자이너에겐 부와 명예도 안겨 주었겠다. 고대 그리스에서는 배가 아파 고통을 호소하면 낡은 가죽 신발의 앞부분을 베어 먹였다. 몽골에서는 그가 신던 신발을 없애버리면 배가 낫는다고 했다. 문화를 풍성하게 만드는 요소의 하나다.

 신발을 신을 때마다 나는 서두르는 버릇이 있다. 구부려 신기 예사다. 어른들은 뒤축을 구부려 신으면 수명이 짧다고 했다. 고단한 중에도 스토리텔링이 되어 사람살이를 풍성하게 했으니 이 또한 공로다.

 신발은 웃음과 울음과 고단함과 쓸쓸함이 오롯이 담긴 한 채의 집이다, 먼 길을 동행하는 나룻배다. 삶의 색깔과 냄새와 영혼을 사려놓은 삼광주리다. 그러기에 마지막 가는 길에 꼭 챙기는 유품이다. 링컨 기념관에서는 링컨이 암살되었을 때 벗겨진 부츠를 거액을 주고 사들였다 한다. 우리도 임의 신발을 챙겨 빈소에 모신다.

바람에 머리칼을 날리며 걷는데 죽비소리가 날아든다. 끌어 올리고 뒤축을 세우며 갈 방향으로 돌려놓는 일은 차분히 생각하고 출발하라는 쉼표란다. 찬물 바가지에 띄워놓던 버들잎이란다. 한 번 더 두드리라는 돌다리이기도 하겠다. 숫눈이 꼬드기더라도 뒷사람에게 남겨질 발자국을 함부로 내딛지 말라는 뜻도 있겠다.

신발 신는 시간에 겸허를 배운다. 아무리 거들먹거리는 사람이라도 신발을 신을 때만큼은 고개를 숙인다. 꼭 하나쯤의 불편을 담은 신발의 탄생은 신神이 내린 미션인지도 모르겠다. 구부리지 않고 뻣뻣하게 선 채로 쉽게 신는 신발을 찾아 헤매며 무슨 손해라도 보듯 투덜댄 것이 부끄럽기 짝이 없다.

다시, 천천히, 운동화 끈을 매고 출발이다.

# 위안

해 질 녘은 넓다. 운동장을 돈다. 넓은 곳에 혼자 있으니 을씨년스럽다.

발걸음은 허둥거린다. 코로나가 생기고 운동 나오는 사람이 줄더니 오늘은 아무도 안 나타난다. 구름은 아기 안은 어머니 모습 같기도, 해식 동굴 같기도 하다. 이런 모양 저런 모양 만들며 외로움을 달랜다. 을씨년스러움을 하늘에 맡긴다.

해 질 무렵은 우주든 사람이든 외로움의 호르몬이 생기나 보다. 외로움은 외로움끼리 만나 어떤 부피를 만든다. 나는 그 부피를 부피답게 하는 하나의 질량이다.

체육관은 조용하다. 이 시간이면 배드민턴 치는 젊은이들 고함이 셔틀콕처럼 날아와 모래밭에 떨어졌는데 창에 드리운 커튼이 납량특집 프롤로그 같다. 어떤 식으로든 코로나 이전과 이후는 연결되겠지 믿어보지만 스스로 만드는 위안일 뿐이다.

  코로나는 개인을 개인으로 만들었다. 동떨어진 낱개의 인생이 되어 홀로 외로운 행성에 불시착한 듯 어리둥절한 삶을 살게 한다. 누구와 함께 무엇을 한다는 것을 생각도 못 한다. 티격태격하며 어색하고 겸연쩍어지던 가족관계마저 추억의 화소로 깜빡일 뿐이다.

  해외여행을 꿈꿨을까, 붕 떠버린 시간을 잡아두고 싶었을까. 정원사는 화단의 누운 측백을 목베개처럼 구부려 깎았다. 목을 받치고 누워서 자유로운 구름을 감상이나 했으면. 두려움과 울렁임을 따뜻한 음식 냄새로 잊게 하던 기내식이 그립다.

  땅거미가 내린다. 히말라야시다 우듬지로 작은 새들이 날아든다. 어디로 다녀왔느냐, 위험은 없었느냐, 배고프지 않았느냐, 묻고 답하며 학교를 떠메고 갈 듯 재잘거린다. 만찬을 벌이는 새들의 지저귐에 가라앉았던 기분이 솟는다. 비로소 깐깐한 땀이 느껴지고 위안이 된다.

  언제 왔는지 운동장 둘레엔 아지매들 두엇 돌고 있다. 태양을 따라 도는 행성처럼 트랙을 열심히 돈다. 아파트 불빛이 늘어나고 운동장은 어둠이 차오른다. 된장찌개 끓는 냄새가 훅 스친다.

  아, 저 불빛 아래 사람이 있구나. 아늑한 시장기가 돈다. 사람으로 불안이 생기고 사람으로 위안이 된다.

# 대나무의 바림질

 대숲에 바람이 인다. 한 무리 청곰이 산기슭을 간다. 앞서거니 뒤서거니 이리저리 뒤섞인다. 낭떠러지를 만나자 어미는 새끼를 안쪽으로 몬다. 서로 끌어안고 머리를 맞대며 포효하는 곰이다. 새 빛과 묵은 빛이 섞바뀌며 털의 바림질이 인다.
 바람 부는 대숲을 묵화로 그리면 농濃과 담淡 사이엔 무수한 하늘이 있다. 단순하게 흰색과 검은색으로 구분되는 그곳은 삼천대천세계가 존재한다. 그 겹겹의 하늘에 황홀하다가 그 하늘 칸칸이 살아온 생명과 대대손손 이어가는 뿌리 같은 것이 색색으로 빛나는 것이다.
 어느덧 나는 청곰 떼를 따라간다. 좁고 어둑한 동굴이 나타난다. 들어서면 환히 넓어지는 동굴이다.

 아이는 대 그림자와 술래잡기를 한다. 대나무는 푸르다 못해 노리짱

해지며[1] 다른 날보다 더 많이 수런댄다. 제사음식에 분주하던 외할머니가 허둥지둥 위뜸으로 내닫는다. 외할아버지 제삿날에 무슨 일인가. 대숲이 깜깜해졌다. 창호지에 어룽거리던 그림자가 마당을 쓸더니 불쑥 길어나선 대숲으로 까무룩 숨어 버린다. 그림자를 놓친 아이는 한참이나 시무룩하다.

집과 바깥의 경계에 자리한 대나무는 이승과 저승의 갈림길에서 서로를 잊으라는 듯 수수거리며 몸을 떤다. 수런거림이란 말이 어쩐지 좋아 사전을 들춰보는데 '한데 모여 어지럽게 자꾸 떠들어대다'라고 풀이한다. 하지만 어지럽지도 않고 떠드는 것도 아니다. 모였기에 저절로 나는 소리다. 먼 길 가는 개울물 소리다. 홀로 가는 소리가 아니라 여럿 가는 소리다. 이쪽에서 저쪽으로 옮겨 앉는 소리요, 끝없이 이어지는 쓸쓸함과 고요함과 부대낌의 소리다. 앙하고 터져 어딘가로 파묻힐 울음이다.

다음날 외증조모집 대나무 평상에 대접들이 즐비하다. 갓 씻은 그릇이 흘리는 눈물은 금방 고드름으로 변한다. 외할머니는 마시지도 못하는 막걸리 잔을 입에 대더니 흑흑거리다가 허연 당목 치마에 얼룩을 그린다. 자신의 어머니를 여읜 안타까움의 그림이다. 일제 강제징용 가서 죽은 남편의 기일에 자기 어머니마저 세상을 뜨시니 어찌 서럽지 않겠는가. 상여가 나가던 날 아이는 대나무가 있는 마당가에서

---

[1] 노르스름하다의 경남지방 사투리

혼자 울먹였으나 눈물은 나지 않았다.

 봄도 아닌데 상여의 꽃술들은 왜 그리 활짝 피어 나부끼는지. 억울함과 서러움이 댓잎마다 젱그렁거렸다. 무릎에 외증손녀를 앉히곤 머리를 쓰다듬어 주던 외증조할머니의 냄새, 등을 토닥여주던 따뜻한 손, 찐 고구마를 반으로 분질러 줄 땐 노란 금실이 생겨 어둑한 방에 달콤함이 고였었다. 할머니께 세상의 모든 말을 다 들은 듯도 하고 아니 들은 듯도 하며 포근했다. 내가 대여섯 살쯤이니까 외증조할머니와 보낸 시간은 참으로 짧은 시간이다.

 우리 마을 건너편 산자락은 대나무가 다 차지했다. 대숲을 가만히 건너다보면 마치 한 무리 청곰이 대를 이어 사는 듯하다. 곰은 새끼가 자립하도록 먼 곳에 놓아버리고 온단다. 꿋꿋하게 혼자 살아가라고. 하지만 위협하는 자가 나타나면 끝까지 뒤를 쫓아가 새끼를 지킨다고 한다. 대나무가 바람에 흔들릴 때 가만히 보면 새끼를 품었다가 풀어 놓는 곰의 모습과 닮았다. 대나무와 곰은 어쩌면 그 근원이 같은 곳에 있는지도 모르겠다.
 대나무가 대를 잇는 위력은 어떤가. 없애려고 아무리 쳐도 다음 해 우후죽순으로 일어난다. 저 엄숙하고 음침하고 창창한 대숲엔 무엇이 살기에 나는 자주 멍때리기를 하며 바라보는가. 내 미처 의문하기 전에 구상 선생님은 대숲에는 무엇이 들어앉았는가//천년 묵은 이무기 양주가//의좋게 방석을 틀고 앉았는가//머리 푼 귀혼이/입술에 피를 묻히고//흐트러진 매무새를/고치며 앉았는가.//돌미륵이 발이 재려서/가끔 자리를 바꾸면 바삭바삭/버석버석//쑥!/아니, 엉금엉금 두꺼비 네가 그 큰 눈망울 굴리며/음 잔등을 긁고 있었구나.


이렇게 미리 문답하고 있었다.
댓잎을 타고 가지를 지나 곧추선 대통을 따라 이슬 되어 아래로 내려가면 한세상이 웅크리고 있다. 새끼와 어미가 서로를 틀어 안고 꼼지락거린다. 봄날에 오를 용손龍孫이 오물조물 거린다. 죽순인지 두꺼비인지 뿌리가 서로 엉겨선지 대숲은 버석거리고 분주하다. 그러다가 흐린 날은 무슨 걱정거리라도 있는지 우두커니 서 있다. 사람 사는 모습을 그대로 보는 듯하다.

고향마을은 쇠락하기 그지없다. 쟁기와 코뚜레가 걸려있던 외증조모 집은 대나무가 다 품어 버렸다. 사람이 떠난 자리에 대나무가 밀려든 것이다. 옛 어른들의 영혼이 대나무가 된 것이다. 빛과 바람이 일으키는 바림질의 물결만이 여러 수천의 하늘을 만들고 있었다. 그 하늘에 인간의 삶이 구름처럼 핀다.
대나무 그림자를 잡으려고 헤대던 나의 모습을 저 대밭은 기억하고 있을까. 마을을 한참 지나와 뒤돌아보니 대숲은 사라지고 청곰 무리

위에 감빛 노을이 윤슬을 일으킨다. 빛의 무수한 계단이 펼쳐진다. 빛은 어쩌면 인간 영혼의 집합일지도 모른다.

## 태점

문인화에서 고목이나 바위에 찍는 점을 태점苔点이라 한다. 한자 뜻풀이로 이끼의 점이다. 고목의 옹이, 난초 뿌리를 덮는 돌 부스러기, 낭떠러지에서 떨어지는 흙더미, 수풀 같은 것도 다 태점으로 일컫는다. 여럿 중 이끼를 대표로 내세운 것은 흥미롭다.

뿌리나 줄기의 구별이 잘 안 되는 식물인 이끼는 곰팡이나 버섯 같은 균류에 광합성을 하는 바닷말이 합쳐져 한 몸으로 살아간다. 균류는 세력을 넓히고, 바닷말인 조류는 광합성을 하며 협업으로 생명을 이어가는 가시버시다.

나는 태점胎点이라 쓰고 우주의 시작점으로 해석하고 싶다. 난자와 정자가 만나 한 점 인간이 태어나듯 그림의 생명점이 태점이라 여겨진다.

이끼는 오랫동안 방치되어 병들어가고 있다는 느낌을 주는 부정적

측면도 있지만, 습기를 머금어 다른 생명을 보호하는 역할을 한다. 나는 이 뒷부분에 무게를 두고 싶다. 사슴이나 노루의 먹이요, 벌레들의 이부자리며 알을 낳는 둥지다. 대지의 코털이며 땅옷이다. 미세먼지를 걸러주는 거름망이다. 시들어가는 생명체를 덮어서 물기를 적셔준다.

이끼를 무더기로 파헤친다면 죽음과 연결될 수도 있다. 자주 옮기거나 손을 대서 모양을 바꾸면 제대로 자라지 않는다. 게으른 사람에게 궁합이 딱 맞다.

'구르는 돌에 이끼가 끼지 않는다.'라는 말은 부지런하라는 충고다. 젊은 나이엔 이 말에 공감하고 아등바등했는데 바위에 번진 이끼를 보고 한자리에 있는 것도 나쁘지 않다는 결론을 얻었다. 오히려 그래야 한다고 우기고 싶다.

화분이나 마당가의 돌을 여기가 좋을까 저기가 좋을까 가늠하며 자주 옮겼더니 꽃도 피지 않고 이끼가 생기지 않았다. 멋이 없다. 이웃을 낯가림하는 모양이다.

40여 년을 공직에 근무하면서 세 번의 전직을 했다. 자기개발과 능력을 쌓는답시고 이리저리 분야를 바꾼 일은 내 일생의 생채기다. 경륜의 살이 차오를라치면 그 살을 벗기고 다른 일을 시작했다. 제대로 된 공직의 꽃을 활짝 피우지 못하고 늘 따갑고 시리고 헛헛한 심정으로 지냈다. 경륜이란 한 생애를 살아 낸 사람에게 입혀진 이끼의 다른 이름이 아닐까.

소나무 둥치 아랫도리를 초록의 김이 모락모락 타고 오른다. 먹물 하나로 여러 색깔을 낸 듯 바림질이 인다. 절벽 낭떠러지에는 초록 비단을 펼쳤고 오래된 비석은 흉배를 두른 문무관이 서 있는 듯하다.

이끼는 그늘진 곳에만 있는 것도 아니다. 햇빛이 많은 곳에는 금가루를 뿌린 듯 노란 이끼가 있다. 극한지역인 툰드라 같은 곳에도 있다니 이끼의 생명력은 무한하다. 바다가 땅으로 변할 때 남은 바닷말이 균류와 손을 잡으면서 생긴 이끼는 생명의 이음새 역할을 한다.

문인화를 배우면서도 이 그림은 뭐 하러 그릴까, 주인공은 되지 못하고 들러리만 서는 태점은 왜 찍나 하고 의문을 가졌는데 옛 선비들의 생명 사상이 깃들어 있음을 알고 무릎을 친다.

진·선·미에 이른다는 것은 그것과의 일치는 아니지만, 그 길로 나아가는 구도의 한 지점이다. 복잡함을 싫어하는 선비들은 자신의 고결한 정신을 태점으로 드러내었다. 그 지점에 마음이 머물고 있음을 알려준다. 무심한 점 하나가 생동감을 불어넣을 줄이야! 한 사람이 어떤 모임에 들어가 활기를 불어넣는 이치다.

매화는 매화다워지고 난초는 난초다워지며 낭떠러지는 낭떠러지다워지는 한 점, 문인화의 완성도는 태점에 있다 해도 무리는 아닐 것이다. 태점은 적거나 많아도 그림의 묘미가 없다.

세상의 불가사의 중 하나가 문장에 마침표를 찍은 것이라 한다. 마침표는 들어감이요 나옴이다. 시작이며 끝이다. 인생을 함축하는 상징의 기호다. 사군자의 마침표는 바로 태점이라 감히 말하고 싶다.

선인들의 손매를 따르기엔 아직 내 감각은 무디다. 무언가 허전해 붓질을 더 하고 보면 복잡하다. 버리는 일에 서툴다. 벼랑 끝 한 점

햇살을 잡고 피어나는 난초, 모두 다르게 찍은 옹이, 매화 향이 풍기는 체본을 앞에 두고 흉내를 내보지만, 매양 헛손질이다.

난초 뿌리 곁에, 매화 가지에, 산 능선에 점이 있다. 넘어가는 구름처럼, 아무는 상처처럼, 움트는 새싹처럼 모두 다르게 보인다. 각각 다른 인간의 모습이기도 하다.

태점을 바라보고 있으면 아늑하고 안정되고 맥박이 느려진다. 당신이 있어 주변이 다채롭고 활기차다. 눈도 코도 입도 사라진 한 점, 내 마음을 찍는다. 터실한 질감으로 붓끝을 밀어 올린다.

## 말의 생명

 내 어릴 적 고향은 '작은골'이란 이름을 가졌다. 이름을 지을 땐 넓고 크고 밝은 의미를 부여하는데 하필이면 작다는 의미를 넣었을까 궁금히 여기다 이웃 마을에 사는 한 노인을 알게 되고 이름의 내력을 알게 되었다.
 이 노인은 나를 같은 고향 사람이라고 만나면 아주 반가워한다. 젊은 시절 '작은골'에서 조금 떨어진 면 출장소 직원이었단다. 작은골과 인접한 곳에 자기 옛집도 있다고 했다.
 하루는 작은골에 관해 물어봤다. 광대하고 희망찬 이름을 두고 왜 작은골이냐고. 그 노인, 작은골이 아니고 '장안長安골'이란다. 내가 알고 부른 이름과 영판 다르다. 오래 편안하게 살기를 바란 뜻이다. 그러면 그렇지!
 고향마을을 들어서기 전 마을 생김새를 훑어보면 폐교가 된 K 초등

학교 쪽으로 세 갈래의 야트막한 산이 내 천川자를 이루며 흘러내린다. 왼쪽은 양달, 중간은 작은골, 남쪽엔 큰 동네란 이름을 갖고 각각의 산기슭을 울 삼아 집들이 앉아 있다.

큰 동네는 이름처럼 둥실둥실한 기와집도 있고 사람도 많이 살았다. 양달은 반원을 이룬 길쭉한 산 따라 마을을 이루었고 가운데 '작은골'은 이 모퉁이 저 모퉁이 한두 채씩 집이 있었다.

작은골은 생김새에 맞는 이름이 붙어 다정다감했다. 사실 장안골이란 이름을 아니 들음만 못했다. 그 이름은 너무 오래된 것 같고 정장을 입은 듯하고 갓을 쓴 사대부 냄새가 났고 흐트러짐이 없어 답답하다.

나는 작은골로 알고 있었던 그 이름이 좋다. 다른 두 뜸에 비해 작기도 작지만 작아서 다정했고, 평화로웠고, 아늑했다. 절기의 행사에 불그레하던 이웃들의 얼굴들이 떠오르고 색다른 음식이 있으면 함께 모이거나 모롱이 돌아서까지 전해지고 슬픈 일이 생기면 모두 그 집에 달려가 한 가족이 되는 마을이다. 작은 골은 작기에 내 안에서 언제나 해가 뜨고 저녁이 온다.

양달, 작은 골, 큰 동네 세 뜸을 모두 합쳐 묏골이라 불렀다. 묘동妙洞, 卯洞이라 부르기도 하는데 어느 유식한 어른들이 어여쁘다든지, 토끼가 많다든지(실제 토끼가 많아 토기 몰이를 하기도 했다)하는 뜻을 한자로 바꿔 놓았을 것이다. 하지만 마을 사람들 대부분은 '묏골'로 부른다. 자연적으로 생긴 이름이 정감 있고 말하기에도 좋았다.

묏골에서도 작은골 초입에 '조새미'란 이름을 가진 우리 집이 있었다. 허름한 초가 오두막이 당호가 있었다니 믿기지 않아 최근에야 어머니께 물어봤다. 조새미가 아니고 '조산助山'이란다. 뒷산이 너무 직선으로 흘러내려 돌을 쌓고 나무를 심어 조화롭게 만든 산인 것이다. 조산이라 부른 말은 어린 귀로 흘러들어 자기들끼리 돌을 낳고 흙을 넣으며 '조새미'가 된 것이다. 이 또한 아니 물어볼 것을 싶었다.

유년의 귀와 입으로 들어온 소리는 저절로 재구성하는 묘한 능력이 있나 보다. 문자깨나 하신 어르신들이 마을 이름을 장안골이라 했지만 자안골, 자근골, 잔골이라 불리다가 점과 획의 탈락과 합침의 과정을 거치며 애들 귀엔 부르기 좋고 듣기 좋게 바뀌었을 터. 내가 글자를 쬐끔 알게 되자 '작은골'로 쓰는 것이라 나 혼자 단정 지은 모양이다.

조새미 역시 조산을 조산이, 조산이가 어떻고 하다가 조샌이가 되고 'ㄴ'은 뒤로 가서 'ㅇ'과 만나 조새미가 된 것이다. 그 터에 생긴 집을 '조새미'로 부른 것은 자연스런 일이겠다. 음운音韻은 음운音雲이라 해도 좋겠다.

흘러가는 구름이 옆 구름과 손을 잡는다든지 잡고 있던 구름이 손을 놓는 스스럼한 현상은 젖니가 나고 자라고 빠짐의 과정에 들어온 구름의 운동인 것이리라.

말의 일생은 동·식물의 나고 자람과도 비슷하다. 처음 씨앗을 넣었을 때의 까실하고 딱딱함은 사라지고 물을 빨아들이며 부드러워지고 잎이 나고 다시 열매를 맺었을 것이다. 처음과는 전혀 무관한 모양새와 때깔이 나온다. 햇살과 바람에 반짝이고 하늘거리는 잎, 활짝 벙근 꽃, 이들을 보며 처음 땅에 묻은 씨앗과는 그 모습이 확연히 다르다. 하지만 열매를 맺으면 그 원천을 품고 원래의 씨앗으로 돌아간다. 말도 입과 입을 건너며 씨앗이 물에 불어 부드러워지고 싹을 내기 위해 꼼지락거리듯 그런 비슷한 영향을 받으며 변화할 것이다.

 동물도 태어나서 오믈거리며 젖을 빨던 모습은 자라며 어디로 가고 수염도 나고 젖망울도 생기고 피부는 거칠해지며 갓 낳았을 때의 모습은 온데간데없다. 생물의 성장과 소멸은 이렇게 초기와는 완연히 달라진다. 하지만 그 본질적 성향은 또 오롯이 남아서 자신의 존재를 알려 준다.

 말도 나고 자란다. 다 변해도 자음과 모음의 최소 단위가 남는데 이것을 말의 씨앗이라 부르고 싶다.

 지금 내 사는 마을 이름은 '어리대'다. 어르신들이 많이 살아 옛날엔 어르대라 부르던 것이 어리대로 바뀐 듯하다. 아직도 어르신이 9할 이상이니 어르대라 할 만하다.

 어르대의 대는 어떤 지역의 범위를 나타내는 말로 볼 수 있다. 행정명으로는 새마을, 함박, 수시, 나불을 합쳐서 우수리란 이름을 갖는데 옛사람들은 빗골, 빗물골이라 불렀다. 비가 오면 빗물이 많이 갇혀서 그리 부른 것이다. 자연적으로 생긴 말은 그 자체가 자연의 순리를 따른다.

 작은골과 조새미의 ㅈ이 살아있고, 어리대의 어가 없어지지 않고 살아있다. 바로 어근이다. 말의 뿌리다. 씨앗이다. 생물이 아무리 변해도 어딘가 또 태어날 때의 모습을 지니듯 본래의 요소를 지니고 있다.

 말이 어떤 형태로 태어나더라도 사람의 공간에서 사람의 영향을 받고 사람은 자연의 숨결을 받아 세월이 가면서 조금씩 변하는 것 아닐까. 나를 아는 어른을 만나면 조새미 살던 미야 맞제? 그런다. 그 사람이 조산이라 말했을지라도 내 귀는 조새미로 들린다. 내가 아무리 변해도 어딘가 내 고유한 모습이 남아 그들은 나를 알아보는 것이다.
 나는 국어 학자도 아니요, 어원에 관한 연구를 한 것은 아니다. 다만 말의 생태에 관심을 둘 뿐이다. 지구나 달만이 공전과 자전을 하는 건 아니다. 우리가 우주라 칭하진 않지만 말과 사람과 자연도 서로 인력引力과 반작용을 하며 생명체를 굴리고 가는 것 아닌가 생각하는 바이다.

# 붉은 등

　홍수 지는 날이면 붉은 등이 보인다. 불을 켜는 등이 아니라 사람의 뒷면이다. 이 마을에서 저 마을로 이어지던 실핏줄 같은 개울이 넘치자 남의 아이든 내 아이든 막무가내로 업고선 학교 가는 길 쪽으로 건네다 놓던 넓은 마음이 보인다.
　장마가 시작된 어느 날, 허리에 책보를 매고 개울에 이르니 아지매들과 아이들이 물 구경을 한다. 물에 젖은 나비처럼 날개가 쳐진 아이도 둑을 내려다본다. 그때 건너편에서 베잠방이를 걷어붙이고 건너오는 아저씨, 냅다 나를 들쳐업고 물 가운데로 들어선다.
　굼실거리는 물살은 돌부리에 부딪쳐선 우르릉 쾅쾅 철썩인다. 아저씨의 등에 얼굴을 묻으니 물소리는 아주 먼 곳에서 조용히 잠을 잤다. 아이들은 아무 탈 없이 그날 학교에 갔고 집으로 갈 때는 비가 그쳐 징검돌이 띄엄띄엄 도드라졌다.
　그때의 젊은 아버지들과 청년들은 학교 옆 낮은 돌담에 무대를 만들어 춘향전 같은 연극을 보여 주기도 하였다. 분장을 벗고 나오면 '저 춘행이는 재진이 아닌가 이 도령은 뉘고?' 어른과 아이가 만나고 젊은이와 노인이 온기를 나눴던 개울 옆 붉은 소나무도 그분들을 닮아 정답다.

 비만 오면 넘치던 개울은 내 첫 학교의 선생님이 아이들을 데리고 나와 세수를 시키고 흰 모래로 이빨을 닦게 하던 세면장이다. 학교 가기 전 나만 안다고 생각했던 개울을 선생님이 알고 우리 반 애들도 안다는 게 신이 났고 나를 뿌듯하게 하는 힘이었다.

 개울은 시장을 갈 때도, 출생, 사망신고를 할 때도 반드시 건너야 했던 곳이요, 논물을 퍼 올리기 위해 만나는 곳이며, 상여가 쉬고 종구쟁이 소리에 노잣돈이 놓이는 곳이다. 삶의 근간이며 별리의 건널목이다. 작은골, 양달, 큰골로 불리던 세 뜸은 이 개울에 몸을 담고 삶의 시작과 끝을 쉼 없이 돌리며 함께 어우러졌다.

 모심으러 가서 이 개울을 건넌다. 다리가 놓이고 둑은 조경으로 말끔하다. 입술이 두툼하던 둑과 맑은소리로 흐르던 물, 깨끗한 흰 모래는 볼 수 없지만 몸으로 다리가 되어 남의 자식이나 내 자식이나 가리지 않고 헌신적으로 돌 봐준 옛적 어른들이 떠오른다.

 그때 그 아저씨의 붉은 등은 내 삶의 거센 물살에도 오롯한 등대가 되어 사랑이란 아무 조건이 없음을 알려준다. 사실 그들은 사랑, 헌신, 배려 같은 단어를 모르는 사람들이다. 육감으로 움직여 인간을 이롭게 할 때 참모습 진여眞如가 아닐까. 저절로 인간을 보듬는 마음, 보듬는 행위에 이르려면 어떻게 살아야 할지 고뇌하게 한다.

# 조산 - 조새미

　물동이를 든 소녀가 논둑길을 간다. 물동이 허리가 벼꽃을 스친다. 뒤따르던 엄마가 야단친다. 벼가 알을 배지 못한다고. 소녀는 '벼를' 말하면 '별을'로 듣는다. 귓바퀴에 이슬이 튀었는지 모른다. '물동이를 든 소녀'는 어쩌면 지난 밤 내려왔다 올라가지 못한 별일까, 북두칠성은 자주 그녀의 꿈으로 들어왔다.
　소녀는 앞산 우물까지 혼자 갈 때도 있다. 바가지로 물을 퍼 올리는 뒤에서 곰이 나타날까 봐 뒤를 돌아본다. 등 뒤에는 푸르디푸른 들녘만이 고즈넉이 펼쳐졌고 아무도 없다. 푸른 곰의 갈기가 미풍에 눕는다. 곰이 나타난 것보다 더 서늘하다.
　소녀는 물동이를 이고 뒤뚱거린다. 풀섶에서 뱀이 나타날까 졸인다. 이슬 젖은 벼 꽃가루가 노르스름 종아리에 달라붙는다. 고무신 물기 때문에 까딱하면 기우뚱해서 물을 쏟을세라 후들거린다. 논둑은 어쩌면 그 자체가 물동이거나 뱀의 등인지도 몰랐다. 물을 이고 오면 온몸이 땀에 젖어 후줄근했다.

검은 돌무더기로 쌓은 당산나무 옆에 소녀의 집이 있다. 당산나무는 새끼줄을 두르고 오방색 깃을 바람에 나부끼며 어떤 날은 붉은 고추가 끼워지곤 했다. 당산나무는 검은 돌무더기로 배를 불룩하게 쌓고는 뒷산 버덩으로 이어졌다.

아버지는 외동이었다. 제삿날 먼 도시에서 아버지가 다녀가시고 나면 어머니는 얼굴이 벗꽃을 띄며 입덧을 했다. 점점 배가 불러왔다. 날이 추워지고 잎 떨어진 감나무에선 일찍 올빼미가 울었다. 버덩에서 기저귀를 걷어 내려오던 외할머니 앞섶은 한 아름 하얀 어둠이 두근거렸다.

소녀는 집 앞 개울 귀퉁이에서 물과 놀곤 하였다. 어느 날 새하얀 모래를 솔솔 토하는 구멍을 발견한다. 개울은 싸리울을 따라 흘렀다. 알 수 없는 세계가 물 아래 있을 것만 같아 자꾸만 바닥을 팠다. 파도 파도 모래알은 솟고 무한한 땅속 세상을 상상해 보지만 아득하다. 물고기 뱃속에서 하얀 알이 쏟아져 나오는 듯했다. 엄마는 일곱 남매를 낳았다.

오두막을 '조새미'라 불렸다. 가난한 초가 오두막이 이름을 가졌다는 게 이상했다. 가리늦게 어머니께 물었다. 무슨 유명한 분이 사셨나, 다녀가시거나 했나, 샘물과 관계있나, 귀를 곤추세웠는데 아니다. 뒷동산이 너무 뻗쳐 돌을 쌓고 나무를 심어 조화롭게 만든 조산助山이란다. 풍수지리와 관련된 것 아닌가. 시시했다. 고작 마을의 안녕을 위해 취약한 땅을 보완한 산이라니 물어보지 말 걸 그랬나 싶었다. 숨겨둔 보물에 실금을 낸 듯했다.

아니다. 잘 물어봤다. 그것은 고작이 아니다. 우공이 산을 옮겼다는 우공이산愚公移山 이란 말은 있어도 산을 만들었단 말은 못 들었다. 요즘은 있는 산도 파헤쳐 평지로 만드는데 그때 사람들은 산골짝에 살면서도 산이 그립고 고팠을까. 땅에 엎드려 우직하게 살아가는 농사꾼들은 밋밋한 산에 아늑한 애기 집을 만들어 풍요와 다산을 꿈꾸었다.

초등학교에서 바라보면 세 갈래의 야트막한 산이 내 천川자를 이루며 골짜기에서 학교 쪽으로 흘러내린다. 내 천의 오른쪽은 '큰동네'라 해서 제법 기와집이 두리둥실 했고 왼쪽 획은 '양달'이 길게 마을을 이루었다. 가운데 야산은 밋밋했고 띄엄띄엄 집들이 흩어져 있었다. 양쪽 두 획보다 사람이 적게 살아서 그런지 '작은골'로 불렀다.

조새미는 내 천의 가운데 획인 작은골 들머리에 있었다. 뻗친 야산을 흐르는 물줄기로 상상했을까, 나무를 심고 돌을 쌓아 흘러내리는 물을 모은다는 의미였을까. 여름 들녘은 푸른 물결로 출렁이고 가을엔 콩고물 떡을 시루째 펼쳐놓은 듯했다.

그러니까 조새미는 우리 집 이름이 아니고 마을을 지키는 수호신의 자리요 마음을 신성시하는 서낭당의 호칭이었다. 옆에 우리 집이 있어 조산이, 조산이 했던 것인데 어린 것의 귀는 조새미로 들었던 것이다.

작은골도 알고 보니 장안長安골이다. 자안골, 자근골, 잔골이라 불리다가 바람에 실려 가던 씨앗 하나가 박혀 소녀의 귀에 싹을 틔웠나 보다.

 벼를 별로 듣고 조산이 조새미가 되고 장안골이 작은골로 바뀐 것은 단순한 음운 현상이 아니다. 말을 들을 때 바람이 살랑 스쳤거나 뻐꾸기 소리가 끼어들었거나 구름이 내려와 손을 잡아 언어를 새롭게 태어나게 했다.

 음운音韻은 음운音運이요 음운音雲인지도 모른다. 언어의 임신, 말의 새끼들을 목구멍에서 얼러본다. 조산은 내게 영원한 샘이다. 조새미를 발음하면 저절로 입안에 샘물이 고인다.

 쓸쓸하거나 메마를 때 물동이를 들고 빼꼼히 내다보는 소녀를 본다. 그러면 여기저기서 곰들이 나와 돌을 쌓고 개울이 다시 흐른다. 개울엔 싱그러운 별이 돌돌거린다. 혼자만 아는 이름들이 별의 우물을 만든다. 어느덧 소녀는 북두칠성 국자를 이룬 별을 징검돌처럼 밟으며 물을 이고 오는 것이다.

# 그리운 산

"흰 당새기에 담겨온 너희 외할아버지 뼛가루를 잊을 수 없다."
 어머니는 태평양전쟁에 희생된 유가족에게 주는 보상금을 받고는 당신 아버지 묘소를 손보자고 한다.
 외할아버지 산소를 찾아 나섰다. 어릴 때 어른들 따라 한두 번 가본 것이 고작이라 산소 찾기가 매우 힘들다. 버려진 그물처럼 땅 가시가 발에 걸리고 띠풀과 억새가 키를 넘는다.
 그동안 많은 사람이 산의 품속에 들어앉아 어느 것이 할아버지 산소인지 분간이 안 간다. 세월이 지나면서 내 존재의 뿌리를 잊고 살았다. 어릴 때 본 산소 옆 히말라야시다 한 그루가 떠올랐다. 누가 심자고 했는지 선견지명이 있구나 싶다. 한참 후 거의 가라앉은 봉분을 찾았다.
 할아버지는 일제 강점기 후반에 일본에 징용을 당했다. 그들의 탄

압에 저항하다 그랬는지, 심한 노동에 병이 깊었는지 몰라도 후쿠시마 어느 탄광으로 가서 일 년도 안 되어 돌아가셨다. 광복되고 함께 징용 갔던 분이 들고 온 유골을 아무 격식도 없이 봉분만 만들었다며 어머니는 자주 울먹였다.

어머니의 가슴엔 늘 살얼음 버석거리는 한겨울의 빨랫감 같은 게 보였다. 할아버지는 어린 딸이 아파 누웠을 때 삼십 리도 넘는 곳에 굿을 잘한다는 무당이 있다는 소문을 듣고 지게로 지고 왔단다. 앞을 못 보고 걷지도 못하는 무당이었다. 아마 잡혀가기 얼마 전이지 싶다며 무릎에 눕혀 머리를 만져 주던 다정한 아버지를 잊을 수 없다고 했다.

어머니가 자기 아버지를 추억할 때 나 역시 할아버지를 마음에 그리며 쓸쓸한 외가의 분위기를 떠올리곤 했다. 외가는 내 걸음마의 첫 집이다. 외할머니는 딸 둘을 키워 시집보낸 후 독수공방하다가 작은딸인 우리 어머니를 곁으로 오게 해 같은 동네에 살게 하니 나는 할머니의 둘도 없는 손녀였다. 거의 할머니 집에서 먹고 자고 지냈다. 할머니가 멀리 외출할 때도 따라나설 때가 많았다. 내가 외가의 중요한 일원인데 외가의 기둥인 할아버지는 일찍이 먼 나라로 가신 것이다.

나의 외가는 냄새로 기억된다. 외가 뒤곁엔 외짝 문 하나 달린 골방, 거기 할머니가 양자로 삼은 외삼촌이 거처했는데 겨울 햇살이 비스듬히 들어가면 열린 문으로 곰곰 텁텁한 체취가 흘러 나왔다. 헌옷가지로 덮은 가마니의 고구마 묵은내와 사람 내가 어우러진 냄새였다.

감자밭을 매고 오던 할머니의 삼베 적삼에선 새금하면서도 웅덩이에 낀 이끼 냄새가 났다. 할머니를 따라온 감자밭의 후텁한 열기와 종일 울어 주던 뻐꾸기 소리도 할머니의 식은땀 냄새로 기억된다. 헛간의 썩은 새(오래된 짚)까지도 기억에 남지만 할아버지의 모습이나 냄새는 없다.

중심을 잡아주는 할아버지가 없어서 그런지 내 마음은 항상 서늘한 그늘이 드리웠다. 특히 한겨울 바람이 매섭게 몰아치면 식구들이 웅성거리는 윗집이 부러웠다. 집을 두른 대숲이 세찬 춤사위로 흔들리면 외로움을 더했다.

자기 아버지가 잡혀가던 그때 여섯 살 소녀가 팔순이 넘었다. 할 수 있는 게 없다. 위안부 피해자 할머니들도 돈 필요 없다 한다. 그렇다. 지금 그 돈으로 돌려놓을 것은 아무것도 없다. 진정한 사과의 말 한 마디 듣고 눈을 감겠다는 것 아닌가.

개인이든 국가든 잘못을 사과할 줄 알아야 그게 사람이고 나라다. 약한 자를 속이고, 윽박지르고, 부만 누리면 금수만도 못하다. 그들도 후손이 있을진대 올바른 역사관을 심어줘야 할 것 아닌가. 그들은 반성은커녕 망언만 남발하며 스스로 상대할 가치도 없는 야만의 나라로 전락하고 있다.

내겐 일제의 아픔이 없다고 여겼는데 뿌리를 심하게 다친 것 아닌가. 잡혀간 젊은 가장이 하얀 가루로 돌아온 뒤 두 아들이 시들시들 아프다가 결국 한두 해 사이에 자기 아버지를 따라가고 말았다. 유골을 보고 부정不淨을 타서 그리됐다고 수군거렸다지만 부정父精에 대한 그리움이 깊었는지 참담함의 고통으로 그리되었는지 모를 일이다. 나의 친 외삼촌들은 어린 나이에 그렇게 명을 달리했다. 그러니까 할머니는 아들 둘을 그때 잃어버리고 딸 둘과 작은집 조카를 거두어야 했다.

그 조카를 호적에 양자로 올렸지만 끝내 자신의 이름도 쓰지 못하는 대여섯 살짜리 아이로 멈춰버렸다. 친가족들이 뿔뿔이 흩어져 만주로 북간도로 떠나버린 충격일 것이다. 어른이 되어서도 발음이 또렷하지 못했다. 외삼촌의 말을 알기 위해선 표정과 입 모양을 잘 봐야 했다. 가정의 무너짐과 개인의 능력마저 마비시킨 잔악한 시대였다. 외삼촌이 웃을 땐 골방 같은 목구멍이 휑하게 들여다보이곤 했다.

언젠가 중국 연변에 산다는 외삼촌의 막냇동생이 찾아왔다. 우리나라에 돈 벌러 왔다가 설을 맞아 핏줄을 찾은 것이다. 처음으로 제사도 모시고 우리 어머니도 만났다. 정말 낯설고 어색하기 그지없었다. 사촌 간이지만 서로 알아볼 수 없는 슬픔만 뿌연 안개로 피어올랐다. 특유의 인민 복장을 하고 윤기 없던 연변 아저씨는 그 후 소식이 없다.

이 나라엔 우리 외갓집보다 더 기구한 삶이 많다. 피해를 보고도 제대로 보상받지 못하는 사람들이 부지기수다. 보상신청을 하려고 해도 증거자료를 찾기 어렵다. 남은 사람이 없는 것이다. 그동안 이모와 양자든 외삼촌도 돌아가셨다. 문서로 남겨진 것이거나 그때 사실을 증명할 사람이 없으면 이들의 피해도 억울하게 사라져 버릴 것이다.

다행히 어머니는 당시 이웃의 증언으로 보상 신청서를 작성할 수 있었다. 서류를 내고도 조사과정이 길어 행여 우리 어머니마저 돌아가시는 것 아닌가 조마조마했다. 비록 보상이랍시고 받았지만 개운하지 않다. 그 돈은 일본 정부가 준 것이 아니라 우리 정부가 임시방편으로 준 것이란다.

나는 자주 먼 산을 바라본다. 할아버지 산소를 찾는다고 헤맨 뒤부터다. 능선을 따라 눈길로 붓질을 하면 합창의 선율처럼 흘러가던 봉우리들은 서로 손을 잡으며 이마, 코, 입술, 목덜미가 된다. 흙으로 섞인 육신들은 커다란 또 하나의 육신으로 누워 하늘을 우러른다.

부처의 얼굴로 보인다는 견불산이 있듯 산은 몇 개의 봉우리를 이어 보면 영락없는 부처의 형상이다. 사람의 얼굴이다. 부처가 사람 아닌가. 부처를 닮았으면서 사람은 서로를 짓밟고 남의 것을 빼앗으려 기를 쓴다.

산은 특정한 얼굴이기도 하고 아니기도 하다. 먼 산은 가까운 산을 두르며 꽃송이처럼 펼쳐져 있다. 나는 꽃심처럼 산 중심에 있다. 코끼리나 얼룩말이 새끼를 무리 가운데로 세우고 먼길을 가듯 나를 둘렀다. 산은 내 눈에 들기 위해 흠흠 매무새를 고친다. 내 고향의 나지막한 산들도 나를 보려고 뒤축을 세우고 있을지 모르겠다.

산은 그리움을 자아내는 노래요, 멀어진 사람들의 합창이다. 산에 묻힌 육신들은 합창단원이다. 작은 벌레나 큰 짐승이나 모두 합창단원이다.

오늘은 젖은 솜이불을 내어 말리듯 산봉우리에 하얀 구름을 걸쳐 놓앗다. 때로는 무지개를 걸기도 하고 하늘을 더욱 푸르게도 한다. 검은 구름이 짓누를 땐 하늘을 받치는 기둥이다. 먼 산은 매끈하게 다려놓은 와이셔츠요, 가까운 산은 갓 걷어다 놓은 마른빨래처럼 수북하다. 이젠 봉분도 새 옷을 입었고 잔 올릴 상석도 마련했으니 우리 어머니도 오랜 삶의 습기를 훌훌 털어내어 말렸으면 좋겠다.

 산이 있다. 높은 산이나 낮은 산, 모두가 나의 할아버지다. 산은 어디로 가든 나를 본다. 잎 피는 삼월이면 얼굴도 모르는 할아버지가 산마다 피어난다. 여러 육신이 잎을 내밀어 합창하는 봄이다. 아무리 산을 바라보아도 나는 산이 그립다. 외할아버지가 그립다.

## 3부
# 화석

사랑하는 나의 불완전

내 몸 순례기

내게로 온 한포기 꽃을 위하여

왼쪽 귀의 고백

손

화석

배암차즈기

# 사랑하는 나의 불완전

 반을 배정받았다. 긴 골마루를 지나며 들어갈 교실을 찾는다. 밖으로 나와 오른쪽, 왼쪽, 뒤쪽 둘러보았으나 어느 건물이 내가 다니는 학교인지 모르겠다. 건물도 시시각각 방향을 바꾸는 것일까. 모두 다른 곳을 향하고 있다.
 운동장에 학생들이 반별로 줄을 섰다. 줄마다 확인했지만 내 반은 아니다. 다시 교실로 들어가 명단을 확인한다. 이상하다, 글자가 사라진 백지만 있다. 혼돈과 방황으로 점철된 세계, 무얼 잡으려 허우적거리다 여기까지 왔나.
 지평선 한가운데서 오른쪽과 왼쪽을 다 가고자 했다. 방랑과 정착, 학문과 예술, 감각과 지성, 현실과 이성, 내면과 외면, 둘 다 충실하길 원했다. 하지만 반쯤 가다가 포기하고 말았다. 미련스러운 욕망에 걸려 넘어진 것이다. 주변은 늘 무채색이다.

신은 두 길을 허용치 않았다. 모순이란 편한 말을 던져줄 뿐 지평의 가운데서 좌우 다 가는 지혜는 신에게도 없나 보다. 지평선을 없앤다 해도 양쪽을 다 손에 쥐는 것은 불가능하기에 지구를 둥글게 만들었을까.

청춘의 날 빨리 어머니를 떠나고 싶었다. 골드문트[1]는 수없이 떠돈 방랑의 끝에 어머니를 향하지만 나는 되도록 나 자신이 어머니가 아니고 싶었다. 어머니는 순진무구한 대지가 아니라 그저 현실에 안주하며 인간이 인간에게 물려주는 자산, 자식에 대한 욕망, 남편에 대한 열망, 자신의 허영, 땅에 대한 투기 같은 허접한 것에만 닿았다고 여겼다.

도시란 숲을 향했다. 옛 여인들이 가졌던 정절과 정숙과 가족애란 보물을 지겨운 허물이라 여기며 무시했다. 지금 와서 보면 그것은 메마른 지적 영감을 찾는 허영 찾기의 변명에 불과했다. 피와 땀의 냄새도 없고 분芬 혹은 분糞냄새도 없다.

학대로 죽어가는 아이들, 성폭력, 생태와 환경, 육아 문제 같은 것들이 나 좀 봐 달라고 아우성을 쳤지만 어찌할 바를 모르고 고개를 돌렸다. 거기 들어가는 것은 나의 영역이 아니라고. 사실은 이런 문제에 더 매달리고 싶었으나 방법을 찾지 못했다. 지평선의 한 방향을 바라보면서 가지 못하는 형국이었다.

문을 열면 또 다른 문, 문, 문, 좁은 복도에 수십 개의 문을 열고 또 닫았다. 다 열었다 싶으면 허무하게 똑같은 문이 앞을 막는다. 낙서

---

[1] 헤르만 헷세의 『나르치스와 골드문트』 주인공

를 하고, 버리고 또 낙서, 구름을 만지작거리며 시간만 허비했다. 그러다가 입구는 모두 지나가 버리고 허허벌판, 나는 지금 맨몸이다. 내가 들어갈 곳은 다 지나가 버리고 말았다.

감염병을 피해 산으로 간다. 지금은 방황도 방랑도 선택할 수 없다. 오로지 본능에 따를 뿐. 자신의 타액을 실로 뽑아 생명을 부화시키는 벌레들을 지팡이를 휘두르거나 땅으로 유도해 밟아 죽인다. 나무둥치에 새까맣게 떼 지어 오르는 녀석들은 막대기를 비스듬히 눕혀 문질러 버린다. 말캉하게 검초록 물을 튀기며 뒤틀다가 죽어가는 생명들을 보며 생명 존중은 아예 생각지도 않는다. 생존 욕구에만 나는 몸을 비틀 뿐이다.

피곤에 절은 여인이 앉아 있다. 간 곳도 없는데 나는 돌아왔고 너무 멀리 간 듯한데 아무 데도 가 보지 못했다. 모두 한 것 같은데 한 것이 없다.

높은 의자만 탐하고, 월계관만 꿈꾸며, 욕망의 산만 내 안에서 자라고 있음을 발견한다. 헷세는 시인이 되지 않으면 아무것도 되지 않겠다했는데 나는 그런 절박감도 가져보지 못했다. 점점 희미해지는 꿈, 가을은 너무 쉽게 다가왔다.

골드문트는 방황과 방랑을 거듭하고 다시 돌아온 수도원의 작업실에서 자신의 얼굴을 마음에 든다고 했다. 청춘과 건강, 자신감, 불그스레한 뺨과 형형한 눈매가 사라진 얼굴을.

나도 사라진 것들을 만지작거린다. 신명 나게 살지도 못하고 늘 주변을 살피며 비교하고 저울질하며 조마조마 살았던 나를 만지작거린다. 아직도 청춘의 찌꺼기가 있다는 말인가.

 차라리 깊이 늙어 가는 길을 택하고 싶다. 감각적인 것도 본성이 품고 있어야 가능한 것이거늘 생의 끝에 와서 발굴하겠다고 여러 방을 헤매다니. 신이여 나를 고요하고 깊게 늙어 가게 인도하소서.

 마음이란 늘 금을 긋거나 오랏줄을 스스로 묶거나 원을 두르거나 화살표를 마련하는 신기함이 있다. 이런 금들을 허물어버리는 능력은 내게 없다. 내 글이 좀 더 선명하고 좀 더 피와 땀의 냄새가 나고 좀 더 감각적이길 바라지만 내게 주어진 시간은 한없이 짧다. 그렇다고 내가 지나온 길을 모두 부정하고픈 생각은 없다. 항상 그 자리에서 온 힘을 다했으니까. 불완전한 종착역에서 나는 허공을 응시하며 성실하게 허우적거렸음을 인정한다.

 길은 언제나 두 갈래, 아쉽지만 이젠 나의 불완전을 사랑할 때. 어머니의 길, 대지를 사랑하길 소망하지만 그 입구는 지나갔나 보다. 사랑으로 가득 찬 눈, 사랑을 만들어 내는 손길, 진정한 어머니가 되는 길, 나의 무의식은 맨손을 휘젓는다.

 아직 나의 반이 있을까. 내가 발을 디밀 곳이 있을까. 조금씩 손을 내밀었던 방이 내 몸을 기억할까. 환경을 위해 야산의 쓰레기를 줍고, 대지를 사랑하려는 글을 쓰고, 깨끗한 물 공급을 위해 마음을 전하고, 인간을 사랑하려 하지만 그런 방법이 정말 나의 길인지 잘 모르겠다.

 함께 갈 친구들은 어디로 갔을까. 탁자 위에 벗어둔 선글라스를 끼니 호루라기가 함께 딸려 온다. 눈을 차갑게 식히며 힘차게 호루라기를 분다. 진정한 나의 색깔을 드러내고 나의 냄새를 찾아 또 방황하기 위해 심호흡을 한다.

 해마다 도라지꽃이 핀다. 꽃은 완벽을 꿈꾼다. 꿈꾼다는 것은 불완전을 인정하는 것. 새로운 시도를 하며 조금씩 위치를 옮겨, 같은 듯 다른 꽃을 피운다.

 벌이 꽃 속에 흡반을 박을 때 모든 잡념을 버리듯 나의 불완전한 반에 들어가 불완전을 위한 신명 난 몸짓에 빠지며 또 무념무상에 들 것이다. 일생은 이렇게 흘러가 보이지 않은 나의 탑을 지상에 눕히거나 세워 놓았을 것이다. 마치 사라진 분수의 춤처럼.

## 내 몸 순례기

나는 백성을 왕으로 모실 사명을 띠고 이 땅에 태어났도다. 백성은 그저 아무 소식이 없어야 하거늘 주야장천 여기도 아프다 저기도 아프다 아우성이다. 내 이럴 줄 알았도다. 오래전부터 올라오는 자지레한 상소를 무시했더니 지금은 나를 따돌리고 자기들끼리 권력다툼이다. 격한 시위에 마쳐 수술 같은 무력 진압을 했더니 이 방법은 답이 아니라네. 시대가 변했는데, 암 시대기 변했것다.

깊은 밤, 등불 들고 백두산에 오르니 동지가 머잖은지 서리가 내렸구나. 뒷머리 장백폭포, 본래 나의 백성, 나의 땅이던 사랑한 폭포를 스스로 보지 못하고 중국 미용사를 통해 알게 되다니. 백두가 흰머리란 말이긴 하나 팔순이 넘은 어머니도 검은 숲인데 흰 얼음이 웬 말인가. 중국은 아예 자기네 것이라 우기는데, 본래 대국이라 스스로 칭하던 그들은 이제 완전 졸장부가 되었단 말인가. 너무 돌보지 않은 내 책임이로고. 내 근육을 단련해야 할 것이로고.

중부지방은 태생적으로 문제가 있었던가. 두 손으로 허리 받치고 다니던 어릴 적에 "잔망 굿어라, 허리에 손모가지 못 내리겄나" 역정 내던 울 어매. 평양냉면 못 먹고 저세상 가면 억울해서 어쩌나. 명절 때면 이산가족 찾는다고 떠들썩하더니만 만나보고는 감감무소식이 태반이다. 외신은 남의 불행이 자신의 행복인 양 신이 나서 카메라를 들이댄다.

38세쯤 찌릿찌릿 아프더니 갈수록 전기가 넘쳐 온갖 의술 찾았지만 신통치가 않구나. 북한에 전기 수출을 고려 타가 백화점 쇼핑하듯 병원행을 즐기며 통일만 기다리누나.

두만강아, 대동강아, 나라의 어깨야, 주물러줄까, 두들겨 줄까. 봉이 김 선달처럼 대동강물 팔아먹을 줄만 알았지 채우지는 못했네. 사십여 년 공직의 권세로 무엇을 누렸느냐. 대단한 권세도 아니 누린 듯한데, 찌릿찌릿 전기 고문이구나.

내 사랑하는 발바닥 제주도로 가 볼까. 손이 닿기만 하면 허물이 설설, 햇살 좋은데 앉아 일광욕을 시키며 나뭇가지로 긁어내 봐도 끝없는 눈발이다. 세상 연고 다 발라도 도리질이다. 4.3운동 몸의 항거 묵살하고 무력 써서 여의도 같은 콩팥 들어내니 불상사로고. 희한하게 발바닥은 콩팥 있을 법한 자리가 허옇게 들고 일어나니, 발바닥에 모든 신체의 건강이 있단 말 헛들었구나. 나의 땅, 나의 백성 실험실의 청개구리야, 메마른 나의 발바닥아, 그래도 천혜의 풍광을 받았으니 이 아니 위안인가.

순례 계획을 다시 잡기도 전에 영호남에서 연락이 온다. 좀 빨리 행차하시라고. 허벅지에 해당하는 애잔한 목포여, 난영이는 목포를 '항구'라 했지만, 나는 영호남을 '근대'라 하고 싶다. 영남을 달래고 나면 호남이 울고 호남을 달래고 나면 영남이 섧다. 두 자매 권력다툼이 애먼 신경을 눌렀는지 양쪽 허벅지 깊은 곳은 남의 살처럼 연락이 안 닿는다.

빛고을은 백성을 왕으로 받들지 못한 큰 예다. 여기는 나의 가장 쓰린 곳, 애를 둘 낳고 급기야 들어내고 만 자궁 같은 곳이다. 누군가 친구 따라 쌀 배달 갔다가 식겁했다는 것 아닌가. 그의 증언 한번 들어볼까.

배달 차가 광주에 도착하니 경남 번호를 보고는 통과시키지 않았어요. 쌀 주인에게 연락했더니 부리나케 와선 당신들은 절대 말을 하지 말라 했지요. 쌀 주인이 검문소마다 '광주를 위해 쌀을 싣고 왔다'고 하면 바로 차를 통과시켜 줬고 무사히 쌀은 배달했는데 되돌아오면서 담배를 사기 위해 구멍가게에 들어가선 배우지도 않은 수화로 벙어리 흉내를 냈어요. 나라에서 보낸 군대가 걸리는 대로 총부리를 들이대고 뚜껑 없는 버스를 타고 가는 사람들에게 시민들은 빵이나 음료수를 던져 올리며 승리를 외쳤지요. 전쟁이 난 줄 알았어요. 돌아오는 길 헬기가 하늘에 떠 있고 광주 방송만 나오고 다른 방송은 완전 먹통이었어요. 경남에 오니 광주의 소식을 그때까지 제대로 알지도 못했어요. 그중 눈치가 있는 이는 말조심하란 신호를 보내며 얼굴이 어두워졌어요.

살벌했던 자궁의 현장, 앞뒤 짐작 가는 바다.

남방을 신경 쓰는데 평양쯤서 난리다. 얼굴과 귀가 서로 딴 나라도 아닌데 국경인 양 바늘 끝으로 금을 긋고 난리다. 하다 하다 이름도 생소한 삼차성 신경통이라나. 광혜원에 부탁해 마취했더니 조금 얌전한 듯하더니 얼마 못 가 도루묵이다. 참으로 신경 쓰이는 북방이다. 백두산 호랑이로 불리던 김종서가 다시 태어나야 나라 안 금을 없애려나. 몸이란 다 연결된 것인데도 여러 금을 그어 네 것 내 것 아웅다웅이다.

궁궐을 오래 비웠나, 눈이 삼삼하다. 아, 이 나라의 눈, 한양, 예부터 기후가 안 좋으면 '짐의 홍복이 없어 어쩌고저쩌고했는데…'. 날이면 날마다 뿌옇게 미세먼지가 낀다. 녹내장약을 조석으로 넣어도 의원들은 여기서 느리게 가도록 하는 거라며 별 대안이 없단다. 줄기세폰지 가지세폰지 들먹여 쌓더만 요즘은 그 말도 들어가고 아로니안지 쵸코베린지 바깥 나라에서 들어온 과실을 자주 먹는데 효과도 시원찮다. 두세 달에 한 번씩 의원들은 용안을 까발려 보고는 돌아가란다. 무례하고 괘씸한지고. 이렇게 임금이 나약해서야 되겠냐고 노론에 선 야단이다.

동서남북을 다 돌며 백성들의 안부를 살필 수 있지만 아무래도 심통만큼은 딱히 다스릴 방법이 없다. 약을 먹일 수도, 수술할 수도 없는 나 위에 군림한 놈, 무슨 일을 하면 조급히 서두르고, 남이 잘되면 배가 아프고, 지아비의 말이라면 반대를 위한 반대를 하는 못된 성미가 나타난다. 걸핏하면 배알이 틀리는 이분이 어디 있는지 몰라 배알을 못 하는 실정이다.

 몸이 백성인 사랑하는 나라를 자주 돌아보리라 마음먹지만 이름도 모르는 고을이 너무 많아 그것이 문제로다. 이 작은 나라도 작은 게 아니로고. 발바닥이 국토의 거울이라 들여다봐도 쉽게 해석되는 일도 아니다. 잘못 해석하다간 한의원님들 붉은 머리띠 두르고 길거리로 나올까 걱정이다.

 조그만 몸도 전부 나눠 전공의란 말을 만들어 의원들의 건물만 높아 가지만 끝내 이 몸은 '환자', 그러니깐 두루 나라는 동서남북으로 분쟁이요 그 안의 백성도 전부 환자로 살아가는 것이다. 나라의 아픔이 어찌하여 이 몸으로 들어와서 자리를 잡아내 몸 안의 온갖 백성으로 변환하여 아프다, 아프다 하는지 알다가도 모르겠도다.

 두 손을 맞잡는다. 살과 살이 닿아 서로를 위로하니 이것이 희망인가. 어쨌건 나의 백성들이 아무 탈 없이 태평가를 부르도록 마음에 노래방이나 두루 만들어 줄까나. 살을 살끼리 서로 비비어 흐르는 피라도 따뜻하게 만드는 것이 내 할 일인지 모르겠다.

# 내게로 온 한 포기 꽃을 위하여

어느 날 내 머리의 서랍 안에 핀 꽃 한 포기를 발견했다. 검은 색종이에 그려놓은 하얀 길은 캘리포니아 국립공원에 핀 공중부양하는 난초 같다. 줄기 하나가 끊어질 듯 말 듯 세상에서 본 적 없는 희귀한 꽃이다. 변이는 진화를 초래하고 그건 새로운 길이 되어 어디로 뻗을지 모른다.

꽃들은 흔들리며 피는 게 아니었다. 한 점 한 점 정지하며 핀다. 정지는 고통이다. 먼지도 허공도 아닌 고민하는 태아다. 어떡하면 이 검은 색종이의 하늘에 떨어져 단 한 번에 길이 되었을까. 고민은 고민을 낳고 붓다가 깨달은 고苦를 형상화 시켰다. 중대뇌동맥 협착. 거기다 조금만 잘못하면 줄기 하나가 막혀 영원히 딴 세상의 별이 될 꽃이다.

안드로메다나 스킨다부스처럼 반짝이거나 활짝 펼쳐지거나 혓바닥에 기분 좋게 굴러가는 이름이라면 얼마나 좋아. 무시무시하기도 하고 길기도 하고 도장을 확 찍어 눌러버리는 느낌의 꽃, 이 질병이 두렵다.

이 꽃의 심정을 난 이해한다. 인간은 누구나 슬프고 쓸쓸하고 섭섭하고 고단하고 아프고 열나고 분노하고 짜증나고 두렵고 불안하지만 즐겁고 기쁘고 충만하고 편안하고 반갑고 안정되고 씩씩하고 시원하고 행복감을 원한다. 긍정보다는 부정이 조금 많은 관계로 내일 아침에 눈을 뜰지도 모른다. 아니 그 반대일지 모른다. 한 전자의 부정합으로 꽃은 핀다.

서울 굴지의 k대학 병원에서 분양한 꽃을 들고 표창장을 받은 듯 내려오며 참으로 흐뭇했다. 어찌하여 중대뇌동맥 협착이란 혹이 나의 가늘고 날렵한 꽃대에 달라붙어 길을 막는단 말인가. 신기하기만 했다. 꽃의 고민은 45억 개쯤 되었을 것. 고민에 고민을 거듭하며 열 가지의 안 좋은 기분과 아홉 가지의 좋은 기분을 가지고 허공을 날아다녔을까.

모자란 하나의 전자가 짝을 맺어주려는 날갯짓에 한 표를 주며 이 혹이 사람으로 보이지 않겠는가. 이 엄동설한에 어디 갈 곳 없어 나같이 못나고 허름한 집안으로 들어왔을까. 짠하고 애련하여 내 마음의 방 한 칸을 마련해 우선 거기 거처하라며 좌정을 권했다. 그의 고난을 짐작할 것만 같았다.

도시란 한복판에서 솥을 걸고 부살개로 장작개비 몇 개에 불을 붙여 밥을 짓던 여고 시절은 호텔 생활, 진간장에다 뜨거운 밥을 비벼 먹던 맛은 별미였군. 과거는 언제나 그리움이고 갈수록 수미산은 높았네.

결혼은 바다를 수미산으로 만드는 능력이 있었군. 망치가 주정을 떨며 자신의 형수 뒤통수를 치며 날아다니자 재빨리 세 살배기 애를 들쳐 업고 어둠을 밟으며 뒷골목을 뛰던 꽃, 두려움에 떨며 자신이 꽃인 줄을 모르고 무작정 허둥지둥 걸을 때 등에 업힌 어린 꽃이 목소리를 죽이며 하는 말, "엄마, 저기가 어두운 곳이야!". 전등불이 비치지 않는 어둠이 견딜만한 곳임을 어린아이도 알았던 모양이다. 험악하고도 어려운 혹 뿌리는 그때 머리 안으로 발을 내렸는지 모를 일이다.

크고 찬란한 꽃을 피우기 위해 낮에는 햇빛을 따라 돌다가 밤에는 전등 빛 아래 문우들과 모여 튼튼한 뿌리와 근육질의 둥치와 가지를 키운답시고 발버둥 쳤다. 그러던 어느 날 나의 정원에 들어서자 세상에 이런 일이란 말밖에 할 수가 없었지. 분노로 가득한 수꽃이 옷을 갈아입는 암꽃을 현관 밖으로 확 떠밀어냈지. 밤늦게 어디를 쳐, 돌아다니느냐고. 오늘 같은 한겨울이었지. 팬티 바람이었지. 앞집 현관 열리는 기미가 있으면 방화문 뒤로 숨으며 옴츠리던 꽃.

오래 고민하던 꽃은 할 수 없이 먼 곳으로 날아갔지. 새끼 꽃들을 데리고 먼 곳으로. 가끔 전화기 안에선 다정함의 탈을 쓰고 와장창 꽃병을 깨던 소리가 함께 들려 왔지. 뿌리가 꼬이는 것인 줄 몰랐지. 틀어져 피는 꽃잎인 줄 누가 알겠어, 결과는 언제나 시간이 한참 흐른 후에야 성적표를 주는 것.

수꽃 안에 들어 있는 피지 못한 작은 수꽃의 장난이란 걸 뒤늦게 알고 마음을 글썽여 주지 않을 수 없었지. 어린 수꽃으로 있을 때 죽어가던 부친의 아픔을 생생히 몸으로 느꼈다지. 공식적인 모친은 세 명, 마지막 생명이 다할 때 고통으로 비명을 지르던 부친을 다듬이로 누르고 걸터앉던 어린 꽃, 그 고통은 고스란히 그의 몸에 악의 사리가 되어 들어앉고 트라우마를 트라우마로 이기려 하지. 1년에 한 번 꼭 검진을 받으며 위장의 살점을 떼어내 확인하지.

형이란 꽃은 그의 가방과 책을 불태워버리고 공부를 중단케 했지. 우수한 성적은 물거품이 되고 그는 명문대가 아닌 군대로 향했지. 군대는 그를 탄알로 여기고 배고픔과 추위와 좌절로 단련시켰다지. 견디고 견딘 그 값으로 여동생의 시계를 사다 줄 정도로 착하디착한 수꽃.

꽃임을 망각한 꽃들의 삶의 유전자는 지금도 곳곳에서 생각지도 못하는 이상한 형태로 피고 있는지도 모른다. 그 꽃이 우리 안에 발을 뻗고 피는데도 피는 줄 아무도 모른다.

암꽃과 수꽃들의 고난은 우연히도 허공 어디에서 만나 한 몸을 이루고 결국은 나의 둥근 천체 안으로 들어와 올 올 떨며 울고 있는 것이었다. 이것도 인연인지 윤회란 것인지 업이란 것인지 전생인지는 잘은 모르지만 나와 수 억 년 전부터 얽힌 것임을 인정한다. 내가 알지 못하는 내 죄업의 변형인지도 모른다.

꽃이여, 부디 내 몸에 들어와 안정을 취하고 여태 겪었던 서러움, 두려움, 외로움, 폭력의 기억 따위 다 잊고 편히 지내다 가시길. 너를 위해 너에게 좋다는 명의와 명약과 명소와 명수와 명경을 물색할 터이니 걱정하지 말지어다. 언젠가 〈내 몸 순례기〉[1]에서 너를 일찍이 찾지 못했음을 미안케 생각한다. 내 몸은 나의 국토, 왕인 내가 백성을 제대로 돌보지 못했을 따름이다.

---

1) 진주문단 제37집 내 몸 곳곳을 두루 살핌을 국토의 순례에 비유

## 왼쪽 귀의 고백

 여태 나는 장식용이었다. 나의 반쪽이 워낙 본연의 임무를 잘 수행하기에 공짜로 산 셈이다. 그런데 갑자기 바빠졌다. 이어폰 꽂으랴 헤드셋 쓰랴 선그라스 끼랴 마스크 쓰랴, 우리 몸에 주렁주렁 걸린 낯선 풍경은 인간의 비애인지 희극인지 모르지만 120% 이용되어 가성비를 높인다. 일자리를 잃고 힘들어하는 요즈음 행복한 비명은 아닌지 모르겠다.

 나의 소외는 참으로 길었다. 면서기는 전언통신문이란 걸 받는다. 줄여서 전통이라 하는데 상급기관에서 하급기관으로 보내는 긴급 공문을 전화로 받는 것. 오른손이 볼펜을 잡으니 왼손으로 오른쪽 귀에 수화기를 들이댄다.
 본능적 행위는 문제를 인식하지 못하는 법, 면서기 하는 동안 이 자세는 굳어져 불편을 모르고 지냈다. 만약 고흐가 봤다면 〈패싱 당한 왼쪽 귀〉란 제목이 붙은 아주 값진 그림이 되었을 터. 왼쪽 귀는 사라지고 오른쪽 귀는 커진 '용불용설'의 한 보기로 쓰여도 무방하다.

여고생은 당고모 집 아래채에 자취했다. 잠을 자다 느닷없이 왼쪽 귀가 아렸다. 고모는 뜨거운 물을 끓여서 여고생의 얼굴을 왼쪽으로 기울여 따끈한 수증기를 쏘였다. 뒷날 병원에 갔더니 의사는 중이염이라 했다.

그 후 왼쪽 귀는 작동을 불허한 채 묵언 정진의 길로 들어섰다. 그렇다고 완전 먹통은 아니었다. 모기 다리 비비는 정도의 음파가 살아 있어 장애인은 아니었다. 덕분에 공직자로 채용되었다. 주변 소음이 차단된 검진의 오류는 정상인의 범주에 들었고 공직 생활은 무난히 시작된 것이다.

주인님의 노래는 엉망이다. 오른쪽으로 들어온 가락은 왼쪽 짝을 찾지 못하고 부정확한 음정으로 뇌에 맺혔다가 어쩌다 흥얼거리기라도 하면 한쪽 목발 짚은 음정이 되어 기우뚱거린다. 누가 옆에서 듣는다면 턱 빠지게 웃을 것이다. 한 번이라도 주인님의 노래를 들었다면 노래하라 부추기지 않으리라. 주인님은 노래 못하는 이유가 나 때문이라 믿고 나도 이에 동의하는 바다.

"여보." 소리가 나면 어디서 부르는지 몰라 이쪽으로 허둥지둥 저쪽으로 헐레벌떡 숨바꼭질한다. 부부간의 사랑놀이가 아니다. 소리의 초점이 제멋대로 움직이니 방향을 못 잡는다. 한쪽이 먹통인 줄 깜빡 잊고 빨리 오지 않는다고 짝꿍이 한바탕 뿔따귀[1]를 드러내면 서로가 따귀 맞은 영혼이 되어 사나흘은 냉전이다.

그녀는 남의 말을 잘 옮기지 못하는 장점도 있다. 누군가 그녀의 귀에 속삭인다. '이 말 아무한테 얘기하면 안 돼!' 순간 그 말은 여기저기 이빨이 빠져 쓸모없이 돌아다니다가 해체되고 만다.

고대 중국의 허유처럼 귀를 씻을 필요가 없다. 중간중간 흘린 말을 창의적으로 재생산하면 소드레[2] 나기 꼭 좋으니 아예 남한테 옮기기를 시도하지 않는다. 친구들은 그녀의 귀에 자신들의 속앓이를 다 쏟아 붓고는 아주 개운한 듯 떠난다. 의도하지 않은 적선이다. 이건 나의 치적이기도 하다.

주인은 친구의 왼쪽에 서기를 좋아하고 회의장에서는 오른쪽을 강단에 둔다. 이비인후과 의사는 왼쪽을 뚫어주겠다는 제안을 하지만 거절한다. 한쪽만 들어도 버거운데 두 쪽 다 들으면 세상을 감당하기 어렵다고, 또한 인생 제2막에 들어서서 굳이 두 개의 귀가 필요한 것은 아니라고, 이젠 마음으로 듣는 시간이 왔다며 수술을 거부한다.

주인님은 퇴화된 나에게 마음의 소리를 길어 올리라는 주문을 한다.

---

1) 뿔따구
2) 말썽

조물주가 의도한 것도 세상에 의해 변하게 마련이지만 내 능력이 까장[3]이라 주인님의 내면이 더듬거려지지 않는다. 주인님의 내면은 있기나 한 건지. 지금까지 무릎을 칠만한 말씀 하나 건지지 못하고 있음은 심히 유감이다.

내면이란 것도 줄탁동기啐啄同機로 드러나는 법, 2막의 생이라 해서 내면을 깨뜨려 줄 부리가 불쑥 나타나는 것도 아닌데 우두커니 기다리기만 한다. 생의 진리를 깨우치는 부리는 세속에 있을진대 코로나 사태에 핑계를 대고 이목구비를 폐업하니 나도, 주인님도 총명聰明이란 말도 존재감이 없다. 새로운 시절이 올지 예전의 시간이 돌아올지 모르지만 주인님이 좀 더 밝은 쪽으로 나아가 지혜를 건질 두레박줄이라도 하나 챙겨 왔으면 좋겠다.

자고로 우리는 소리만 듣는 단순한 물건은 아니었다. 목수들은 대패질하다가 크기를 재고 나무에 금을 긋고는 연필을 귓바퀴에 올린다. 우리는 목수님의 연필꽂이가 되었을 때 참으로 멋있었다. 어떤 이는 피우던 담배를 얹다가 불이 덜 꺼져 귓바퀴를 덴 적도 있다. 뜨거운 냄비 손잡이에 데이면 순간적으로 귓바퀴를 만지며 손가락을 식힌다. 멋진 왕자의 사랑 고백에 살짝 붉히던 귓불은 꿈속이었던가.

어쨌건 부쩍 일거리가 늘어나 소외된 내가 바빠지니 기쁜 일이다.

---

3) 드러낼 것 없는 부족한 상태를 뜻하는 진주지방 사투리

물론 나의 반쪽 없이는 생각지도 못할 일. 어떤 이는 우리를 복제해 머리통 양옆에 붙이는 대용품을 만들어 약간의 돈벌이를 하려는 꿈도 꾸지 않을까. 이크 귀걸이도 해야지. 갈수록 귀의 일은 늘어날 전망이다.

# 손

 명성빌딩 무인 커피숍 앞이다. 유리창 안엔 빨대를 컵에 꽂은 젊은이 두엇 보인다. 거리는 나무랄 데 없이 견고하다. 주머니에 손을 찌른 채 무인 커피숍을 들어선다. 휘청, 발목이 꺾인다. 퍽! 섬광이 번쩍 지나간다. 나는 그대로 보도블록 위에 이 층짜리 납작 건물이 된다. 메고 있는 가방과 보도블록 사이에 몸이 낀 것이다. 젠장, 이놈의 손!
 한동안 꼼짝을 못 하고 엎드렸다. 주머니에 들어간 손을 뺄 수가 없다. 손, 늘 거추장스런 손이 문제였다. 함께 가던 친구가 끄집어 세우려고 애쓰지만 나는 일어서기를 포기한 건물처럼 주저앉아 시멘트 바닥의 따스함을 느낀다. 나를 받아주는 시멘트도 온기가 있는데 저 안의 친구들은 놀랍게도 그대로 멈췄구나. 무인 커피숍 안은 진공이다. 까끌한 바닥이 오히려 낫다. 바닥의 어원이 받아주는 데서 나왔다더니 정말이구나.

나는 편안해지며 눈앞에 똥 떡을 떠올린다. 태어나서 5~6년 사이 그뜩하면 넘어졌다. 할머니는 똥떡을 먹어야 한다며 콩떡을 해 줬다.

아이의 눈은 늘 외부에 있었다. 그러기에 손이 시렸다. 방앗간 집 아이는 손이 잘 텄다. 떡을 찌고 나온 도구들을 씻는데 아이의 손은 요긴했다. 어른들은 떡판이나 떡 채반을 커다란 함지에 집어 던지고는 나 몰라라 했다. 학교에 가면 친구들의 부드러운 손앞에 주눅이 들었다. 요즘도 옷을 사면 주머니가 달렸는지 확인한다. 한여름에도 주머니에 손을 잘 넣고 다녔다.

사월은 쌀쌀했다. 손을 바바리 주머니에 넣고 퇴직 후 신발장에 고이 모셔두었던 굽 있는 신발을 꺼내 젊은 흉내를 내며 외출을 해 봤다. 오만에 대한 벌칙인가. 아직 노령을 인정 못 하는 굽 높은 오만에 일격을 가한 것인가. 손에 대한 자긍심이 부족해서인가.

위안은 얇은 빈 주머니 안에만 자리하고 있었다. 굽과 주머니와 손의 상관관계를 몰랐다. 배낭 아래 보도블록 위에 낀 육신은 좀 더 오래 바닥의 따스함을 느끼고 싶었다. 보도블록 위에 봄날의 건물을 짓는 것은 간단한 일이구나. 가슴을 길바닥과 맞대는 일은 무안하면서도 쉽구나.

주머니에 집어넣은 두 손은 무응답, 정중히 내리누르는 오만을 심도 있게 맛본다. 뻗은 방아깨비 자세로 한쪽 볼때기가 시멘트 바닥에서 떨어지지 않는다. 친구는 자꾸만 겨드랑이를 잡아 끌어올린다. 엎어진 자리가 사라질까 두렵다. 손을 빼야 땅을 짚을 텐데.

  무인 커피숍에는 '효재'[1) 같은 여자가 웃고 있다. 나를 보고 웃는지 상대를 향한 웃음인지, 그들은 무심하고 다정하다. 나는 무안하고 다급하다. 그런데도 나는 이상하게 섬세해진다. 땅바닥에선 도무지 보이지 않을 질끈 묶은 진공 속 여자의 뒷머리가 보이고, 자글자글한 반달형 주름도 보이고, 빨대 빠는 볼이 홀쭉해진다. 엎어진 나를 그림 보듯 하는 눈매가 광목 빛 웃음을 머금었다. 나는 그들을, 그들은 나를, 서로 TV 수상기처럼 바라본다.
  유리창 안의 세계와 나의 거리는 얼마나 무관하고 먼 곳인가. 서로서로 다른 별의 외계인처럼 아무런 감정이 없다. 사람이 있어도 반응이 없으면 무인도다.

  ·

  질병이든 사고든 어디까지나 자기의 몫이다. 시장을 부르면 늦겠지, 얼마나 바쁜 사람인데. 동네의 동장이 빠를까, 길의 굽을 좀 다려서 시각장애인도 잘 다니게 고치라, 점잖게 타이를까. 좀 세게 병원비와 명예훼손 비를 청구할까, 높다란 빌딩의 거리에 납작 엎드린 불명예를 누가 보상한단 말인가. 병도 의사에게 책임 없듯 사고도 자기 책임이다. 오직 내가 손 사용법을 제대로 익히지 못한 벌칙이다. 손

---

1) 한복 디자이너이자 친환경 살림꾼

을 자꾸 감춘 죗값이다. 순간의 생각이 두서없이 알 수 없는 구멍으로 빨려 나간다.

  책임을 따지는 건 아무 소용없는 일인 줄 알면서도 자리를 벗어나면 모든 게 사라질까 두렵다. 증거를 남겨야 하는데…. 명성빌딩 앞, 명성빌딩 앞, 발목과 정강이와 광대뼈의 안녕은 문제가 안 된다. 오로지 나 여기 엎어졌음을 도시의 높은 자리에 있는 분이 봐야 하는데. 몸과 마음은 서로 다른 방향으로 신호를 보낸다. 이런 멍청한, 멍청한….건물, 물건. 길바닥에 쓸데없이 굽을 왜 만들었을까, 누구라도 여기 와서 땅바닥을 안 본다면 넘어질 것이다. 굽의 지문을 손바닥에 다 떠 놓았다가 시장님께 보여주고 싶다.

  엎드린 자세로 오래 여기 있으면 내 몸에 땅의 무늬가 새겨지려나. 금싸라기 땅이 어디로 달아날 것만 같다. 소유의 따스함에 말을 잃고 고요해진다. 똥 떡이 목구멍을 막는다. 무인의 거리는 아무 일 없는 듯 무수한 빛들로 산란한다. 아슬아슬 넘어지지 않고 오랫동안 자~알 버틴 건물인데 허전해진다.
  소반에 콩떡을 차리고 넘어지지 말라고 비손의 시간을 그린다. 마른 나무껍질 같던 정인의 손이 떠오른다. 퍽 넘어지면 무심코 여기저기서 달려오던 정인情人의 손을 잡고 일어서고 싶다.

# 화석

 발바닥에 물음표가 생겼다. 푸르죽죽한 검은 문양이다. 몸속에 박힌 화석이다. 문장에서나 쓰는 물음표가 발바닥으로 들어갔다는 것은 인간의 몸이 문장이란 말인가. 그러니까 용천과 아치 부분을 뺀 도톰한 발바닥의 둘레가 물음표 형태다. 손바닥으로 쓰다듬으니 너는 누구냐고 묻는다.
 수년 전 허옇게 물고기 비늘처럼 일어나던 살갗은 오징어 껍질처럼 죽죽 벗겨지다가 급기야 검을 현玄을 이룬다. 하늘에게 민망하기 그지없다. 발바닥이 어찌하여 거무스름한 어둠이냐? 어떤 연고를 발라도 끄떡도 안 한다. 피부과 여러 곳을 순례해도 도무지 말을 안 듣는다. 노리개처럼 매만지다가 안쓰러워 쓰다듬다가 에잇 모르겠다 긁다가 피를 보기도 한다.
 너는 어딜 그리 다녔기에 이렇게도 물기 없이 말랐느냐? 네가 무슨

억하심정이 있다고 나를 이렇게 괴롭히냐? 서로 묻지만 답을 못 찾는다.
 그럼, 내 인생이 의문인가, 하늘이 나를 점지한 것이 원래 의문인가. 그러고 보면 육신이 의문의 문장이다.
 숨은그림찾기 하듯 몸 둘레를 탐색한다. 머리에서 목, 가슴은 아주 뚜렷한 물음표요, 가슴에서 배 옆구리까지, 엉덩이에서 무릎까지, 모두 물음표다. 너무 틀을 만들어 우격다짐으로 구겨 넣는다고? 지금 손바닥으로 그대 몸 곳곳을 쓰다듬으며 따라가 보라.
 마음의 의문은 시시각각 일어났다 스러진다. 뇌도 온통 물음표가 뒤엉켜 있다. 사람의 몸을 물음표로 구성한 건 아마도 세상 그 어떤 충격에도 다치지 않는 보호장치일까.
 그러면서도 사는 게 또 의문이다. 지금 나는 무슨 일을 하는지, 왜 하는지, 누구를 위함인지, 죽음은 또 뭐란 말인지. 물음, 울음, 물음….
 너무 그대 말이 옳다고 소리 지르지 말기를. 소리 지르다 보면 목구멍의 물음표가 일직선으로 고장 날 우려도 있을 것이다. 옛적 나의 할머니는 땡 괌(고함) 지르면 신상에 해롭다고 늘 타일렀다. 사람의 몸은 하나의 세상이며 몸은 물음표다.
 아무튼, 병명이 없으니 치료도 불가한 이 화상畫像은 스타킹을 물어서 튕기고 양말을 빙빙 돌려서 바닥이 발등으로 올라가게 한다. 덧신은 발가락 끝에 몰려와 다 벗겨진 상태다. 왜 사느냐 물으며.
 발바닥의 의문 부호는 나란 인간을 알려 주는 지문일 테고 내 몸의 곳곳은 곡선의 의문 부호로 가득 채워진 또 하나의 지구인 것이다.

# 배암차즈기

마당에서 걷기 운동을 하는데 남새밭에 뽀얀 이슬을 머금은 곰보배추가 보인다. 미리 결단하지 않아도 될 일을 며칠 전부터 저 곰보배추를 캐서 어째 볼꼬 망설였다. 오늘 아침엔 기필코 장만해야지…. 아니다, 더 걸어야지. 운동이 시급한데. 발걸음 숫자를 대충 채운다. 건강에 요즘 목을 맨다. 전신을 옥죄어 오는 질병을 떨치려 안간힘이다.

걷는 동안 마음 안에선 저 녀석들을 캐서 선김치로 만드느냐, 나물로 하느냐, 뿌리째 캐서 말릴까, 이걸 묻고 저걸로 답한다. 어찌해야 몸에 더 좋은 식재료가 될 것인가 가늠한다. 잠깐의 가벼운 일도 결정하기 어려워 이래 볼까 저래 볼까 하는데 큰일은 물어 무삼하리오[1]. 사실 큰일, 작은 일을 구분 짓는다는 것 자체도 맞지도 않다. 작은

---
[1] 무엇하리오의 예스런 표현

일이라 여겼던 것이 큰일로 바뀌는 건 시간문제다.

　10여 년쯤, 기침과 가래 증세가 1년을 끌었다. 밤에 기침이 나고 낮에는 아무렇지도 않아 그냥 두었더니 일이 커졌다. 출근길에 가래가 막혀 숨쉬기가 힘들어 차를 세우고 뱉어내야만 했다. 감기약을 몇 달 먹었지만 소용없었다. 결국은 정밀 객담검사를 하고 그게 감기가 아닌 비염으로 판명이 났다. 대학 병원에 가서 일주분 약을 먹고 조금 가라앉긴 했지만 코가 가렵고 막히는 증상은 나를 반려자로 여기는지 지금도 때때로 애를 먹이며 내 인생을 뒤흔든다.

　비염은 얼마나 삶의 질을 떨어뜨리는지 모른다. 새벽녘쯤 한쪽 코가 막혀 돌아누우면 슬그머니 돌아누운 쪽으로 옮겨 앉으며 숨을 방해한다. 처음에 증세가 있을 때 빨리 단안을 내려야 했는데 병을 키운 격이다.

　직장 생활하던 중 어느 식당에 갔는데 비염에 좋은 곰보배추 막걸리를 판다기에 눈이 번쩍 띄었다. 1.8 리터 한 병을 냉큼 샀다. 집에 와서 먹어 보니 맛이 별로다. 거기다 술은 술이라 취하는 느낌이 세서 반도 못 먹었다. 곰보 막걸리는 오랫동안 냉장고에서 허송세월하다가 결국은 버려지는 신세가 되고 말았다. 지금 생각하니 그 막걸리가 상당히 효과가 있었던 모양이다. 그 후 코막힘과 기침 증세의 강도가 조금 줄어든 것은 사실이었다.

　그러다가 4, 5년 전에 또 비염 증세가 도졌다. 곰보배추가 떠올랐다. 말린 곰보배추를 사다 달여 먹었더니 이삼일 후에 증세가 가라앉았다. 햐, 요래 좋은 것을, 우리가 직접 길러야지.

　씨앗을 사서 남새밭에 뿌렸다. 다음 봄에 이 녀석들을 기다렸는데 하나도 안 올라왔다. 참새들만 비염이 나왔을 것이라 여기고 모종을 사다 심었다. 가을이 되자 들깨 모양으로 씨앗이 맺혀 우리가 들깨를 잘못 심었나 싶었다. 될 대로 되라 하고 그대로 내버려 두었다.

사람이 다급해지면 이것 찾고 저것 찾고 하지만 한 이태 코로나 땜에 마스크를 쓰고 다녀서 그런지 감기 한 번 안 하고, 코도 예전만큼 가렵지도 않아 곰보배추를 잊고 살았다. 그런데 기억처럼 남새 밭고랑에 또닥또닥 낯선 풀이 올라온다. 뽑아버릴까 하다가 두고 보니 곰보배추다.

여러 약초 책을 보다가 배암차즈기가 무언가 했는데 이게 바로 곰보배추인 것이다. 꽃잎 벌어진 모습이 뱀이 입을 벌린 모양 같다고 배암이란 말이 붙었다. '차즈기'란 말은 토박이 우리말이다. 한자로 종자를 자소자紫蘇子라 하는데 우리말로 번역하여 차즈기, 17세기 홍만선의『산림경제』에서 밝히고 있다. 자소란 잎이 자줏빛이 돌고 꿀풀과에 속하는 식물을 뜻한다. 가을에 열매가 들깨 달린 것과 비슷해 열매만 보면 들깨로 착각하기 쉽다.

아, 그런데 이 열매가 벌어지면서 탁 튀는 열매萠果라 다음 해엔 온 남새밭의 바탕 풀이되었다. 작년엔 열매 맺은 것을 못 봤으니 2년은 된 것 같다. 두 해거리 식물이라더니 책대로 자라는 게 기특하다. 책을 읽지도 않는 식물이 책대로 살다니 얼마나 신통방통한가.

남새 밭고랑 곳곳에 튀어서 늦봄 다른 푸성귀의 일생이 끝날 때를 기다려 요긴하게 나타나 겉절이를 해 먹었는데 한여름 다 갈 즈음 또 한 차례 나타나 '내 좀 캐 주소'하고 고랑에 납작 빵빵하게 앉아 있는 게 아닌가.

선김치를 할까, 나물을 할까, 고랑의 촉촉한 흙을 깔고 앉은 곰보배추, 배암차즈기를 칼을 쑥 집어넣어 손으로 우묵잡아 캔다. 손은 금방 흙으로 범벅이요, 채반은 수북하게 담긴 곰보배추라. 뱀을 보면 진저리를 치고 달아났을 텐데 차즈기는 다정하기도 하다.

곰보배추 씻는 동안 냄비에 물을 올린다. 요리 하나 하는 데도 우째 보꼬? 우째야 더 빛나는 식탁일꼬? 선김치냐, 나물이냐, 마음은 옥신각신, 벌써 물이 끓는다. 늘 결정은 마려운 오줌 누기 같구나. 생각에 빠지는 동안 아뿔싸, 그만 세게 데쳤다. 도리 없이 나물이다. 선김치를 하려면 불을 끄고 살짝, 각시 볼 건드리듯 해야 한다. 운동도 대충 했겠다, 아침 식탁엔 신선한 배암차즈기 나물, 배암아 내 비염 좀 스윽 물고 가거라.

## 4부
# 생물 선생 울타리

생물 선생 울타리

물풀의 계획

띠풀을 만나다

들봄을 기다리며

고사리 유권자

첨단의 도시

# 생물 선생 울타리

 산길 입구에 약초농장이 있다. 울타리 안쪽으로 어렴풋이 모란과 작약이 햇살을 마음껏 받는 듯했다. 선명한 것은 아무것도 없었다. 경계도 주인도 확실치 않다. 확실한 것은 해묵은 쓰레기가 길을 따라 농장의 울타리가 되어 있다는 것이다. 인적 끊긴 지 오래, 나무하러 다닌 산길이지 싶다.
 거름을 비워낸 찢어진 비닐 포대, 누런 플라스틱 약통, 모종이 빠져나가고 내팽개친 화분, 깨지고 뒹굴어지고 흙에 파묻혀 삭아가는 것들이 가시덤불 같았다. 약초도 헬스를 하는지 부서진 헬스기구도 있다. 이 삐딱한 약초농장에 삐딱하게 지고 올라왔을 삐딱한 짐승도 있었는지 색 바랜 냉장고도 있다.
 삐딱한 약초농장을 따라 내 숨은 삐딱하고 가팔라진다. 마음 길도 삐딱해진다. 농장 안은 잘 보이지 않았다. 개 소리만 들린다. 개도 이젠 잘 짖지 않는다. 사람보다 개가 낫다. 삐딱한 나를 알아본 것 아닌가.

어쩌다 주인이지 싶은 자동차가 드나든다. 쓰레기 울타리를 지나며 나는 한바탕 쓴소리를 해야 할 때가 올 것을 예감한다. 두려움과 한바탕 싸울지 모르겠다.

그러던 어느 날 쓰레기 울타리를 따라 현수막까지 둘러쳤다. 무슨 중학교 동창회, 돌잔치, 어떤 산악회 등반대회 같은 기한 지난 글자가 펄럭였다. 발뺌일까, 확실한 경계를 위해서일까, 늘어진 현수막 아래로 밀려난 쓰레기는 울타리의 넓이와 부피를 키웠다.

약초들은 때로는 실려 나가기도 하고 일꾼의 손이 지나간 듯 깔끔하게 전정도 되었건만 이 쓰레기는 이미 농장의 것이 아니었다.

주인이 바뀌었다고 했다. 소문에 의하면 앞 주인은 어느 대학의 교수라 했다. 알 듯한 그분의 책을 본 적 있다. 반질반질한 아트지에 환하고 깨끗하고 아름답게 찍힌 사진은 오랜 지병을 저절로 낫게 할 것 같았다. 한때는 약초축제장에 나온 약초도감 표지의 환한 때깔을 보고 존경심도 가졌다. 저자가 직접 운영하는 약초농장을 본 것은 잠시 행운이었다.

한동안 가졌던 존경심을 금방 내팽개치기엔 억울하다. 그를 조금 이해하며 멸시의 시간을 유예한다. 모르긴 해도 그는 쓰레기를 치워보려는 생각도 했을 것이다. 약초 연구에 집중하다 보니 쓰레기는 뒷전이고 시간은 흐르고 대책도 흐지부지, 살다 보면 또 다른 일이 밀려왔으리라. 쓰레기 따윈 안중에 없었겠지. 이해가 넘치면 오해가 시작되는 법, 치우는데 드는 돈 생각도 했겠지. 무엇보다도 이 주변을 지나다니는 사람이 없다는 생각에 이르렀을 것이다. 아무도 모르리란 생각!

  시간이 흘러 그는 떠났다. 덮어버리면 아무도 모를 쓰레기 울타리를 남기고. 햐, 시간이란 책임과 의무와 고의를 덮어버리는 재주가 있구나.

  교수 봉급에, 책을 판 돈에, 약초 판 돈, 그리고 원고료, 0.1할만 했으면 반듯한 농장을 뒷사람에게 넘겨주었을 텐데. 나도 돈으로 그를 묶어버리는 속물이 되고 말았다. 사명감을 띠고 약초농장을 만든 게 아니라 욕망을 위해 이 비탈을 개척하고 욕망의 허물을 온 천지에 내팽개치고 사라졌구나. 이해와 오해를 섞어 속을 끓이며 그 교수가 이 농장의 주인이 아니었길 바랄 뿐이다.

  자신의 주변을 잘 정리하고 일목요연 뒤처리를 해 가면서 살기는 힘들다. 그도 아마 '나중에 하지' 하고 밀쳐 둔 것이 쓰레기란 놈이 염치도 없이 산길로 슬슬 기어 나왔는지 모르겠다. 주인이 누군지 모르는 산이지만 얼굴이 너무 커서 보이지 않는 주인은 있다. 시비를 잘 걸지 않지만, 뒤늦게 나타나 호된 재앙으로 꾸짖을 수 있다. 벌줄 대상을 찾지 못해 무차별 공격을 할 주인은 있다.

  어처구니없는 실험실의 울타리를 보고 종전대로 존경할 만큼 나는 마음이 넓지 못하다. 그를 경멸하게 됨을 용서하시라. 이룬 업적도 가르친 일도 연구한 일도 없는 나는 울타리 따위가 없다. 존경도 질타도 받을 일도 없다. 감동의 글을 쓴 적도 없어 독자로부터 받을 찬사도 혹평도 없어 더 부끄러운 일이지만 그를 존경했던 나의 과거가 살짝 부끄럽다.

업적은 스스로 빛을 발한다. 매슬로가 말하는 존경의 욕구를 충족시킨다. 존경은 도덕이란 책무도 딸려준다. 하지만 그는 비도덕의 교수다. 적어도 그는 사회적 지도자. 낙후한 마을의 변두리에다 쓰레기를 버려두고 떠나는 몰염치를 범해선 안 되는 것이다. 설치 미술이라면 용서가 될까?

울타리 안을 흘끔거린다. 인기척이 없다. 산에서 주운 쓰레기를 모두 거두어 '생물 선생 울타리'에 버리자고 내 마음과 모의를 한다. 저절로 '생물 선생'이란 소리가 튀어나올 때 참으로 마땅한 이름인 듯했다. 생명을 살리는 약초를 키우고 이를 학생들에게 가르친 분 아닌가. 자신의 약초 실험장에 학생들을 데려와 거름을 비우고 울타리에 빈 포대를 너저분하게 집어 던지지는 않았을 것이라 믿고 싶은 것이다.

존경스러운 한 작자의 실험실 울타리 옆을 지나며 세상의 모든 과학 실험실의 울타리가 이런 것일까 우려한다. 실험하던 개를 굶겨 죽이고 쓰레기 봉지에 넣어 아무렇게나 처분하는 세상인데 이쯤이야, 인공위성들의 잔해가 띠를 두르고 지구의 울타리를 떠돈다는데 이쯤이야, 하는 쓸데없는 생각에 잠을 깬다.

삐딱한 약초농장이 그 아래 멋모르는 마을로 덮쳐올까 잠이 안 온다. 조롱으로 삐딱한 망상의 띠는 나를 조인다. 덮어버리면 아무도 모를 쓰레기 울타리, 그 바깥을 요즘 누군가 굴착기로 길을 넓힌다. 흙더미와 쓰레기가 대치한다. 나는 멍청해지고 있다. 여태 혼자 끓였던 이해와 오해가 아무 소득도 없이 땅 밑으로 파묻히고 있다. 진정 저건 파묻히는 것일까.

# 물풀의 계획

퐁퐁, 화르르….

하천 바닥의 마른 물풀이 갈색 탁구공을 개울둑으로 날린다. 조그만 콩새다. 개개비다. 박새다. 들길 걷는데 바스락대던 소리가 저 어린 것들이었구나. 생명들이 자라고 있었구나.

개천이 터질 듯 부풀어갔다. 물풀은 무시무시 거칠거칠 키를 세웠다. 초록의 범람, 여름은 넘치는 것이 계획이었다. 사람들은 개천 둑을 오가며 근육을 단련했다. 불볕더위와 몇 번의 홍수를 불러오고 몇 번의 강풍을 토하고 드디어 곡식을 여물게 하고 마침내 가을을 데리고 왔다.

자잘한 열매를 달고 모감지가 무겁다. 회오리를 동반한 강풍과 찬비가 내리자 물풀은 이제 수긍하기로 했다. 견딜 만큼 견뎠다. 물길 따라 서서히 허리를 굽히고 몸을 낮추고 자신의 방마다 채웠던 자물쇠를 풀었다. 가을인 것이다.

모든 근육을 풀었다. 흙으로 물로 공기로 돌아가는 일은 자신의 방문을 여는 일.

키를 세우고 넘치듯 자랄 때 어쩌면 무릎을 굽히는 미션도 부여받았는지 몰랐다. 한 번 엎드린 자세는 일어나기를 거부했다.


겨울 동안 물풀은 누렇게 말라 갔다. 멀리서 보면 누런 황토물이 흐르는 줄 알겠다. 여름내 세차게 흐르던 물은 줄어들어 물풀의 가슴팍 아래로 기어들어 영하의 날씨는 물과 풀을 한 몸으로 쩡쩡 얼어 붙였다.

고니들이 와서 얼음을 두드리고 청둥오리들은 맴을 돌며 얼음을 녹인다. 물까치와 직박구리들이 찍, 빡 소리 지르며 얼음을 깨부순다. 겨울을 넘기는 합동작전이다.


하루는 가만히 들으니 바스락거리는 소리가 난다. 바람소린가? 아니다. 바람도 없는 볕살 좋은 겨울 낮인데 기다란 개천을 따라 바스락거리는 소리는 날마다 들렸다.

날이 풀리고 얼었던 물이 풀렸다. 큰 새들의 합동작전이 날씨를 감동시켰나. 봄은 어쩌면 겨우내 살아가려는 뭇 생명의 애씀에 대한 보답일지 모른다. 물풀은 제 자식 말고 날짐승들의 품이 되어주었구나. 제2, 제3의 잉태의 보금자리였구나.

사람들은 여전히 개천 둑을 오가며 다리에 힘을 올린다. 나는 나 말고 무엇을 키울까. 내가 할 수 있는 건 참으로 단순하다. 도처에 대지의 어머니들은 꽁꽁 언 발로 여러 생명을 품고 있는데 말이다.

# 띠풀을 만나다

 가을 들길에 난초처럼 휘늘어진 붉은 잎이 내 눈을 사로잡는다. 여름 내내 무성해지는 들풀은 싫었고 귀찮았다. 뱀이 풀섶에 도사렸다가 발목을 휘감을 것 같았고, 진드기가 맨살의 종아리에 달라붙어 피를 빨지 않을까 두려웠다. 운동하는 사람들은 들길을 좁히며 기어 나오는 야생을 본능적으로 피했다.
 계절은 존재의 옷을 바꿔 입혔다. 풀섶은 성글어지며 여태 한 덩어리의 초록이 하나하나 다른 모습을 드러낸다. 상황이 변하면 성향이 달라지는 인간의 모습과 비슷하다.
 밑동에서 반 정도는 초록이요, 끝부분으로 갈수록 붉어지는 잎은 긴 꽃잎 같다. 소녀의 머리에 묶인 댕기 같기도 했다. 이 풀은 들길을 따라 주변의 마른 풀잎들과 어울려 향연을 벌인다. 어쩜 이런 어여쁜 풀이 있지? 벼 잎사귀 모양의 긴 풀잎은 우아하고 산뜻해 어쩜 이렇게 예뻐! 하고 감탄을 연발케 했다. 유심히 살피다가 꽃 이름 앱에 올렸더니 '띠풀'이란다.

 국어사전에는 '띠'라고 되어 있다. 네모 난 천 양옆에 두 줄의 기다란 끈을 매달아 애를 업는데 쓰는 띠가 아니다. 출생연도의 십이지간에 해당하는 띠도 아니다. 기다란 형태를 뜻하는 띠를 그대로 풀이름으로 쓴 모양이다. 봄철에 벼가 알을 배듯 허리통이 통통해지면 애들은 삘기나 삐삐라 부르며 뽑아 먹던 풀이다. 그러니까 삐삐나 삘기는 어린 꽃대의 이름이고 식물의 이름은 띠라는 것 아닌가.

 봄에서 여름까지 줄곧 보아 온 풀인데, 아니 이 들길을 십여 년 걸으면서 잘 안다고 여겼는데 막상 정식 이름을 대하니 어린 시절 친하던 동무가 아닌 듯하다. 개명한 것 같아 어색했다. 백과사전과 사진의 여러 자료를 조합하니 점점 어린 날의 띠의 모습이 드러난다.

 내 안에 깊이 들어 있던 삐삐가 중얼거리며 나온다. 볼록볼록 알을 뱄다. 가운데 꽃대를 톡 뽑아 오믈오믈 씹는다. 달짝지근한 물이 입 안에 돈다. 심심함과 배고픔이 달아난다. 아이들은 서로 많이 뽑으려고 손이 바쁘다. 하지만 조막손을 벗어난 삐삐는 저 언덕으로 달아나 금방 꽃으로 피어버렸다. 바람에 눕고 바람에 일어서는 저것은 햇살인가 강물인가. 죽은 할배들의 수염인가, 속으로 물으며 새침해지곤 했다.

 어른들에게 삐삐 꽃은 위로였으리라. 선친들의 고단했던 모습을 꽃너울에 그리며 잠시 이슬 맺기도 했으리라. 어린 나는 아쉬움보다 아까운 마음이 더 크다. 저 삐삐를 어찌하여 다 뽑지 못하고 놓쳤을까,

다른 친구들이 다 뽑아 먹었나. 아까움, 배신, 경이로움, 안타까움 같은 마음이 하얀 물결로 일렁였다.

그런 삐삐가 붉은 물을 뽑아 올리며 또 다른 아름다움으로 내 앞에 나타나니 어찌 알아보겠는가. 한여름에 이 풀은 으시시 거칠어서 잘못하면 손을 베기에 십상이다. 거친 가시 안의 진리처럼 선뜻 손을 내밀어 덥석 잡을 수 없었다. 그러다가 내가 성년으로 가면서 뭐가 바빴는지 이 친구의 삶을 눈여겨보지 못하고 나는 구름처럼 떠돌아 닌 것이다.

모든 생명은 어제의 시간이 전생인가 보다. 부드러움을 지나 거친 성년을 지나 황혼기로 변할 때의 또 다른 모습은 전생과 이생의 구분일 수도 있고 융합일 수도 있다. 시력의 한계며 얕은 지식의 오류이기도 하다. 그러기에 삐삐하고 띠가 같은 식물이라 생각지 못했다. 어린 날의 동무를 어른이 되어 못 알아보듯 말이다.

내 어릴 때 뽑아 먹던 삐삐는 무성하게 자라면 '새띠기'라 불렀다. 사투리기는 하나 새나 띠의 복합어다. 제주도에선 이 새 풀로 지붕을 인다. 그리하여 새집이라 부른다. (오래되어도 영원한 새 집!)

가을이 되면 풀은 모두 누르스름하게 말라 죽는 줄만 알았다. 붉은 물이 곱게 들 것이라곤 생각지도 못했다. 인간 생명 이전을 살고 또한 이후를 살아갈 소소한 풀이 올해의 마지막 아름다움을 발산한다. 띠는 무덤을 덮어 이승과 저승의 경계가 되고 뿌리는 논두렁 밭두렁 심이 되어 부스러지는 흙을 잡아준다.

오동통하고 부드럽던 풀결은 자라면서 가슬거리고 억세기까지 하다가 석양빛을 받고는 처연하면서도 정열적이다. 가을은 존재를 명확히 하는 계절이다. 얼마 안 있으면 이들은 땅속으로 제 모습을 감출 것이다. 지상의 시간을 지우고 심연의 시간으로 돌아가는 시간이 올 것이다.

 가을 띠풀의 아름다움을 발견하고 이미 화분에 올려 감상하는 애호가들이 있는 걸 보고 놀라웠다. 어떻게 여러 풀 속에서 띠풀의 아름다움을 발견했는지. 띠풀은 봄이 오면 '풀냄새 피어나는 ~ ' 동심의 향기가 되리라.

 들길이 들길다운 것은 터줏대감 같은 띠풀이 있어서다. 봄이 오면 삐삐 꽃으로 피어 이 들녘의 영광을 되돌려 놓을 너를 잊지 않으려고 카메라에 담는다.

# 들봄을 기다리며

　설이나 대보름의 이쪽저쪽에 입춘이 든다. 동지와 춘분의 한 가운데 놓이는 입춘立春은 한자 말이다. 우리에겐 오래전부터 들봄이란 말이 있다. 토박이 말 박사이신 염시열 님은 2월을 들봄 달로 쓴다. 듣기도 좋고 부르기에 얼마나 좋은가.
　들봄하고 소리하면 입에서 새그러운 침이 돈다. '들'은 들어간다는 말로써 곳의 옮김이요 때의 바뀜이다. '봄'은 본다는 이름씨다. 즉, 들어오는 것을 본다는 말이다.
　모든 기운이 안으로 드니 바깥을 떠돌던 남정네도 집으로 들어와 쟁기와 보습을 챙긴다. 겉돌던 바람은 마당 구석의 거름무더기로 잦아들어 뭉근한 김으로 피어오른다. 들과 메도 젖이 돌고 뿌옇게 옹알이하듯 시냇물도 흐르기 시작한다.
　동치미는 뿌연 거품이 생겨 '날 어찌 이리 내버려 두시는지요, 이럴

바에 나도 무언가 되고 싶소이다' 하며 괴어오른다. 이를 꺼내 잘 헹궈 채 썰어 고춧가루와 참기름과 통깨만으로 버무리면 아삭하게 씹히는 색다른 맛을 낸다.

김장김치도 물러지기 시작하는데 사그라지는 목숨에 생명을 한 번 더 불어 넣는다. 시간이며 노고요 정성인 김치를 그냥 버려선 안 된다. 옛날 어머니들은 흐르는 물에 살짝 씻어 물기를 꼭 짜 새 양념장과 내놓는다. 까만 옹기 종지에 가랑 파 송송 썰고 고춧가루와 참기름과 깨소금을 넣으면 양념장으로 그만. 엉긴 빨래를 탈탈 털어 좋은 바람에 말리듯 김치 잎을 살살 펴서 뜨거운 밥을 얹고 양념장을 올리면 이미 입안 가득 침이 아침 햇살처럼 퍼진다.

음식은 마음을 만들고 마음은 몸을 움직이고 몸은 세상을 끌고 가니 뚝딱 한 그릇 밥을 비우고 들일 채비를 한다. 어머니와 들봄은 묵은 것을 새것으로 바꾸는 마술사다. 한밝달(1월)이 한 해의 시작이지만 들봄이 되어야 진짜로 해가 바뀌는 것이다.

서서히 대지가 풀리는 대보름, 말려두었던 나물거리 삶는 냄새가 빙 돌아 울을 넘고 무슨 태기처럼 나물 내음은 띠가 되어 고을을 두른다. 두선두선 오곡을 씻어 앉혀 밥을 짓는데 바로 오방색을 몸으로 들이는 일이다. 집을 짓듯 밥도 지어서 또 하나의 작은 우주를 목으로 넘기고 아기집은 잘 받아서 새로운 생명의 탄생에 도움을 주니 이 얼마나 거룩한 일인가.

들봄이 되면 나는 이빨이 올라오는 듯 갈근거린다. 무엇인가 물고 싶다. 잇몸에 바람이 들어 이가 들떠서 그렇다 한다. 딱딱한 것을 물어서 눌러 줘야 한다. 몸의 글자를 뒤집으면 '뭄'자다. 무언가 꽉 깨물어버리고 싶은 증상을 달래려고 부럼을 깨물었던가. 뒤집어 보면 몸을 단단히 하는데 무는 일도 한몫을 하는 듯하다. 세종은 이런 몸의 달싹임까지 글자에 담아냈다.

둥두렷이 돌아오는 보름달, 대나무 마디의 툭툭 터지는 달집 타는 소리, 불그레하게 익어가던 얼굴들의 흔들림, 다리미에 튀던 콩알, 작아지고 헤진 옷을 태워버리고 모으는 두 손, 새로 태어나려는 의식을 치르고 나면 무르익은 봄이다. 봄은 터지고 튀고 흔들리며 왔다. 그리고 아른거렸다. 사람살이의 거룩함을 가꾸어서 뒷사람에게 넘겨주는 일도 들봄에 할 일이다.

마당 가 대야에 얼었던 얼음이 녹아 구멍이 생겼다. 봄은 구멍을 내면서 오나 보다. 사람의 눈에 띄지 않는 부드러운 송곳 바람이 구멍을 냈을까. 가람이 눈을 감는 찰나에 드나들었을까. 온 메가 숨을 멈추는 사이에 뚫었을까. 저 별이 오줌 누는 틈에 지나갔을까. 단풍나무 가지는 조금씩 붉어지고 감태나무는 작년의 퇴색한 잎을 아직 떨구지 못하고 연필심 같은 눈을 틔운다. 묵은 잎이 떨어지면 온봄 달(3월)이거나 무지개 달(4월)이 되면서 연둣빛 새잎으로 옷을 갈아입을 것이다.

눈이 내려도 다 치우지 못해 길가에 밀쳐두었던 시절이 있었다. 먼지가 앉아 빛이 바랜 눈은 날이 풀리면서 질척거린다. 그 길을 걷다 종아리에 튀어 오르는 흙물에서 미나리 내음이 나는 듯도 했다. 비가 내리면 길을 씻는 빗물이 자동차 바퀴에 걸려 증기다리미처럼 칙칙

물을 뿌렸다. 서늘한 느낌에 찔끔 놀라니 종아리에 볍씨가 튀는 듯했다.

 질척거리는 재래시장 좌판 사이에 서면 울컥 올라오던 설흔의 입덧도 잊히지 않는다. 그리하여 내 품을 떠나지 못하는 들봄에 관한 첫 시 〈임신 삼 개월의 여자〉를 들려주고 싶다.



 병아리 빛 햇살을 따라가는 여자
 옷 가게를 기웃거리다
 과일 가게 앞을 서성인다
 울컥 신물을 올린다
 들판으로 나간다
 강아지 털옷을 입은 들봄의 언덕도
 입덧을 하는지 얼굴이 노랗다
 바람아 연둣빛 손길로 여자의 등이라도 좀 쓸어 주렴
 논두렁이 파아란 배를 불릴 그때쯤이면
 입덧이 멎은 여자는
 배내옷과 과일을 들고 뒤뚱거리며 집으로 돌아오리라.



 포연에 휩싸인 듯 들녘이 온통 뿌옇다. 날마다 미세먼지가 얼마나 짙은지 지나가는 얼굴들이 희미하면서도 뾰족하다. 미세먼지가 뼈의 생김새를 바꾸고 기운마저 빼앗아갔을까. 쑥떡을 해서 바람이라도 올리면 먼지가 싹 날아가려나. 말간 하늘로 온봄을 맞았으면 좋겠다.

# 고사리 유권자

 신종 바이러스에 쫓겨 뒷산으로 올랐다. 4월 총선이 가까울 무렵이다. 내 뒷산에 숨은 놈이 있다. 조만간 내 지지자가 될 분을 놈이라니, 무례다. 다시 정정한다. 님이라고. 고 씨 성을 가진, 고사리 님! 내 봄날의 유권자가 조금씩 눈에 들어온다.
 물빛봉우리, 멧돼지 목욕탕, 오동나무 쉼터 같은 호칭을 붙이며 이름 없는 야산을 명산으로 만들겠다는 공약을 가슴에 품었다. 이미 명산으로 널리 알려졌거나 국립공원 아래 살았다면 꿈도 못 꿀 고사리 꺾기, 내 유세장이요 질병의 피신처로서 이보다 좋은 곳은 없었다. 가난이 재산이란 말이 있듯 질병이 행운이란 말, 이럴 때 써도 되려나.
 가시덤불을 둘러친 은둔자를 향해 고사리 라이터를 켠다. 광부가 금맥을 찾듯, 골프 선수가 거리를 가늠하듯 한쪽 무릎을 접고 서치라이

트를 돌린다. 비행사리가 펼쳐진 주변에 눈을 대야지 엉뚱한 곳에 쏘면 배터리만 소모된다.

고사리 마른 우거지가 관목에 걸쳐진 것을 '비행사리'라 하는데 기원은 알 수 없으나 고사리 낚시꾼들만의 통용어다. 용케도 살아남아 '우리 요기 있지요' 하고 삼발이를 뻗고 프로펠러를 돌리면 여름 산은 더욱 삼엄해진다. 비행사리로 이름 지은 건 그럴듯하다.

최대한 몸을 낮추고 발발 기며 가시 너머 저쪽 한 표에 손을 뻗는다. 어루만지듯 끌어올리다가 어느 지점에서 톡 꺾으면 부드러운 대궁의 살내가 코를 간질인다. 앉을 땐 마술사가 상자에 몸을 접어 넣듯이, 일어설 땐 꽃이 봉오리를 펼치듯이 천천히, 아주 천천히 해야 한다. 한 표 얻었다고 벌떡 일어났다간 모자가 벗겨지고 얼굴에 테러를 당할 수 있다. 하나도 조심, 둘도 조심, 유세장은 사방이 봉변의 운동장이다.

드러냄과 숨김을 적절히 사용해 삶과 죽음을 조절할 줄 아는 고사리의 지혜는 정치보다 더 정치적인 생물이다. 끝까지 몸을 숨겨 세 갈래 승리의 날개를 펼치며 고 씨 목目에서 양 씨 문門으로 승급하여 양치식물 문중을 이룬 이들의 생존 역사에 경의를 표한다. 모조리 다 꺾었다고 허리를 펴고 뒤돌아보면 뒤에서 빙긋 웃는 녀석들, '너 혼자 표를 다 차지하지 마라, 뒷사람을 위해서 남겨 두라'고 한다.

본격적인 유세 기간 산길로 접어들자마자 노골적으로 나를 지지하는 층이 눈에 띈다. 하나둘 손을 내밀다 보니 그만 깊은 험지까지 끌려들었다. 샤이shy 층이 많아 쉽게 색깔 분간이 안 된다. 낙엽에 미끄러지고 첩첩의 가시에 할퀴며 몸을 펼칠 때 여기저기 보이는 숨은 그림들, 소나무 둥치나 철쭉 줄기 옆에 꼭 붙어 섰거나 마른 나뭇잎으로 모자를 썼다.

 그 무엇에도 기대지 않은 진보층도 나름 위장이다. 길 가운데 서서 손을 흔드는 것을 못 알아보고 밟아버리기라도 하면 '아이고 이 아까운 한 표!' 하고 아쉬워한다.

 방전되었던 고사리 라이터가 확 켜지며 숨은 그림이 선명히 드러날 땐 지남철에 쇳가루 딸려가듯 손이 나간다. 발견의 희열과 꺾을 때의 손맛을 무엇에 비기랴. 선거판에 한 번 빠져들면 쉽게 헤어나지 못하는 심리랄까, 낚싯바늘을 문 물고기의 파닥임을 못 잊은 낚시꾼이랄까, 그래도 18세 미만의 잠재적 한 표는 다음을 기약하고 남겨 둔다.

 가끔 종로 같은 평지도 있다. 임도가 되었거나 벌목 후 방치된 곳이다. 걸음을 빨리 떼는데 앞에서 쑥 나타나는 고사리, 경쟁자 몰래 속으로 탄성을 내지른다. 그리고 몸을 낮춘다. 유권자는 나의 왕, 몸을 낮춰야 얻을 수 있음은 만고의 진리다.

 가시에 찔리고 나뭇가지에 긁히며 한 표 한 표 굽혀야 하는 후보자와 보호색으로 자신을 숨기면서도 은근히 꺾이려는 고사리는 무엇을 주고받는가. 조상의 제사상에 올려 고사리처럼 끈질긴 생명을 기원하는 인간과 환생을 통해 새로운 세계를 맛보려는 고사리의 작전은 유권자와 후보자의 논리와 버금간다.

 고이 짊어지고 온 고사리를 삶아서 햇빛에 말린다. 비타민 D 성분을 높인다. 유권자의 권리를 챙겨줘야 한다. 요리할 땐 다시 삶아 하룻밤쯤 우려서 법제화한다. 의원 나리들이 법을 제대로 만들어야 하듯 고사리 법제法製도 중요한 민주적 절차, 이를 어기고 성급하게 먹은 자들이 독소가 있다고, 암을 유발한다고, 가짜뉴스를 퍼트려 선물도 못 했는데 이를 바로 잡았다니 다행이다.

  무서운 질병이 휩쓰는 동안 뒷산은 숨기 좋은 격리소요, 유세장이다. 굽히고 몸을 낮추고, 무언가를 선택하며 시시각각 살아내야 하는 험지다. 지나다니며 숨은 표를 눈여겨본다. 일상은 선거의 연속이요 산은 고사리 꾼의 유세장이다. 내 속의 잠재된 힘을 불끈불끈 끌어낸다. 생명의 현장을 고사리의 세계에서 고스란히 들여다보는 좋은 기회였다.

# 첨단의 도시

 지구가 돌고 돈 어느 시점에 나는 태어났을 것이다. 그땐 빛으로 살았다. 엄마의 얼굴빛, 눈동자, 아버지 음성의 원적외선, 자주 들녘을 밝혀주는 달빛, 마실을 갔다가 집으로 돌아갈 때 조명은 없고 빛이 있었다.
 그땐 분명 말씀이 적었다. 한여름 초록의 광채에 묵묵 멍때리기를 하며 건너편 앞산을 향해 야호! 한 번 내지른 음성에도 메아리가 되어 반응했다. 신이 대답을 했다. 요즘은 메아리도 잘 들리지 않는다. 말이 많으니 말이 들리지 않았다.
 말씀이 적으니 당연히 마스크는 필요 없고 자연의 면적이 넓으니 거리 두기도 필요 없었다.
 벌써 가을이네! 잎 안에서 우물거리면 갈잎 두근거리는 소리가 들렸다. 운동장에서 끓고 있던 햇빛은 어느새 단조로워지고 느티나무 붉어져 지구가 확실히 도는 것이 보였다. 귀가 밝고 눈이 밝은 시절이었다.

아프면 쉬어라, 엎어진 김에 쉬어가라. 그네들은 쉬면서 사람이 되어갔다. 요즘 사람은 사람이 되어가는 것이 아니라 일이 되어 간다. 아파도 일하고 돈이 많아도 돈이 없어도 일, 일, 일. 사람은 바빠야 한다고. 죽을 둥 살 둥 모르게 설치며 산다. 바쁜 게 최고의 진리라도 되는 듯.

넘치는 에너지로 지구가 괴롭다. 아플 때 쉬는 당연한 일을 뉴스로, 안전문자로 듣고 받아야 하는 서글픈 현실이다.

못 먹고, 못 입고, 못 자며 소를 팔아 자식 공부시킨 우리 아버지 어머니들에게 위험하고 치명적인 포탄을 우리 젊은이들이 막아줘야 한다. 덜 만나고 덜 모이고 좀 덜 먹으며 우리들의 부모를 괴물로부터 막아야 한다. 이제 늙어서 여러 기저귀를 찬 기저질환 할머니 할아버지들을 젊은이들이 지켜야 한다. 서로 애련하게 여겨야 한다. 마음을 보내야 한다.

생명 연장 억지로 하지 말고 소중한 생명 자연스레 지키는 단순한 계시다. 줄기세포인지 가지세포인지 모르는 이상한 방법 말고, 유전자 조작 같은 무서운 방법 말고 계절의 바뀜 같은 자연현상을 잘 받아들이며 단순하게 살고 싶다.

"평균수명 120세 축복인가 재앙인가"라고 한 캐나다 철학자 크리스틴 오버롤은 생명 연장이 새로운 갈등과 논란을 낳을 것이라 예고한 바 있다. 억지 생명 연장에 드는 비용으로 타인의 삶을 이롭게 하고 노화 방지에 드는 돈으로 건강한 환경을 만드는 것이 지상 과제다.

보신을 한다고 숲속의 동물을 죽이고 덜 늙으려고 온갖 기능식품을 먹어대는 것은 에너지 과다 사용이다. 지구의 온도를 높이는 일이다. 펄펄 끓는 지구가 어떤 바이러스를 또 만들지 우리 겸허히 받아들여야 한다. 인공 자궁, 유전자 치료, 인간 게놈 프로젝트 같은 것이 생명을 연장시켜 준다 해도 인간은 60 넘으면 여러 장기의 노화로 리모델링이 어렵다. 설사 모든 신체를 리모델링한다 해도 시간은 당신을 젊은이로 만들지 못한다. 자연스럽게 내 몸 흘러가도록 바라보는 자세를 연습해야 한다. 적당히 살고 적당할 때 죽는 축복을 누려야 한다.

모이던 시절은 옛날의 금잔디다. 코로나 이전 인간은 사회적 동물이라며 모여서 자기 존재감을 드러냈다. 매슬로도 먹고살 만하니 참여의 욕구가 있다고 인정했다. 그러나 이젠 여러 장치로 소통이 가능하다. 마음만 있으면 거리를 얼마든지 좁힐 수 있다.

모이는 일은 도시화다. 신은 도시화를 거부한다. 이것이야말로 지구가 원점으로 돌아가려는 확실한 증거다. 각자, 흩어져서, 넓게 살도록 권유한다. 모여서 침 튀기지 말라 한다. 아날로그로, 수동으로, 좀 불편하게 살 것을 권유한다.

사람은 본래 고독하기에 모여 살기를 원했다. 거리를 좁히고 아파트를 지으며 아래층 위층 모였지만 인정은 메마르고 알 수도 없는 병이 생기는 것을 신도 몰랐으리라.

신은 말한다. '내 미리 말하지 못해 미안하다. 지금이라도 흩어져서 서로 좀 그리워하는 시대로 돌아가라' 그래도 사람들은 설마 설마 나는 괜찮아, 너는 나오지 말고 나는 돌아다니리 하는 주의다.

실제 가까이하면 정이 들고 소통이 잘 되는 것은 사실이다. 하지만 근원적 그리움은 멀어지는 법, 그리 먼 시간은 아니다. 어쩌다 만나고, 편지를 쓰고, 직접 편지를 인편으로 부치던 시절, 우린 그때의 인간적 그리움에 더 많은 점수를 준다.

팔을 벌리고 서로 떨어진 거리에서 우리 그대를 보라. 그 사이로 바람이 드나들고 밀물과 썰물의 바다가 있음을. 나무와 나무 사이가 2m가 되면 나무는 건강하게 잘 큰다고 한다. 사람도 너무 붙어 있으면 갈등이 심하다. 도시는 갈등한다. 별이 그리운 것은 닿을 수 없기 때문이다. 최첨단의 도시는 원시로 가는 것 아닐까.

## 5부
## 나를 향해 짖는다

나를 향해 짖는다

어느 고양이의 방랑기

국화

다음에 오자

묏등에 둘러 앉아

알밤을 주우며

얄미운 봄

어느 주걱의 일생

# 나를 향해 짖는다

낯선 녀석이 나타났다. 그는 우리 집 철망을 킁킁 맡으며 왔다. 호순이와 내가 모질게 짖자 버지가 나와 내쫓았다. 동네를 어슬렁거리다 그길로 옆집 친구 집에 들어가 숙식을 했다. 거기다 그 집 주인으로부터 누렁이란 이름까지 받았다.

참고로 우리는 우리의 주인 부부를 버지와 머니로 부른다. 짐승이 대놓고 어머니, 아버지하며 인간의 언어를 동급으로 쓰다간 된통 내몰릴지도 모른다. 거기다 부르기도 얼마나 경제적인가, 버지! 머니!

버지와 머니가 우리를 부르면 곧바로 달려가 다리 사이를 감고 돌면 둘레가 환해지는 듯하다. 행복이 바로 이런 것이구나, 여기는데 느닷없이 낯선 녀석이 나타난 것이다.

녀석은 어느 날 우리가 산책하는 뒷산에도 올라왔다. 버지가 가시덤불과 억새를 예초기로 베고 우리는 뛰어다니며 발로 다져서 만든 오솔길이다. 가만 보니 목줄인 넥타이도 매지 않고 앞서간다. 목줄을 했다는 건 예의를 갖춘 것이고 이는 달려들어선 안 된다는 금줄인데 이를 어기고 우리를 앞서서 가다니 있을 수 없다. 눈이 확 뒤집혀 달려가서 뒷다리를 물자 호순이도 합세한다. 녀석은 게거품을 물고 산 너머까지 도망친다. 신고식이 너무 지나쳤나, 뒷날 들으니 바짝 꼬리를 내리고 친구의 방에 엎드려 있더란다.

이 친구란 녀석도 참으로 대단하다. 개들의 본성은 낯선 놈을 보면 한판 붙고 보는데 어찌 된 판인지 자기 방을 내주고 밥까지 같이 먹다니. 처음엔 이 친구와도 우린 한바탕 으르렁거리며 서로 다치기까지 했다. 그다음부터 이 친구는 넥타이를 반드시 매고 다녀서 뒷산 출입을 묵인했다.

친구의 주인은 이 낯선 놈이 자기 집으로 돌아가지 않는다고 구시렁대지만 억지로 쫓아내지는 않았다. 떠돌이 개가 자기 집 개밥을 뺏어 먹으며 안방까지 차지했는데도 왜 가만두는지 이해가 안 간다. 남의 몫을 뺏다가 죽음까지 불사하는 건 인간 세상에서 비일비재한 일 아닌가. 목줄을 매지 않아도 발치에 잘 따라다니는데 굴러들어 온 '복'을 내칠 수 있냐고 한다. 굴러들어 온 복? 묘한 냄새가 났다.

버지가 이웃집에 개 한 마리가 들어와 가지도 않는다고 할 때만 해도 잘 사귀어 보려 했다. 낯선 얼굴을 보고 본능적으로 짖었지만, 시간이 지나면 친구의 무리에 넣어주려 했다. 그도 그럴 것이 버지, 머니가 '옆집에 정초에 복 터졌네!'라며 웃었다. 설 아래 데리고 온 젖뗀 강아지 하며 한 달 사이 개가 세 마리나 된 것이다. 복이 무엇인지 몰라도 머니의 어감이 좋았다.

하루는 이 녀석이 우리만 아는 물빛봉우리까지 올라왔다. 역시 넥타이는 없다. 이번에도 호순이와 힘을 합쳐 내몰았다. 동네와 반대쪽이고 경사가 심한 비탈 아래로 달아났기에 못 돌아올 줄 알았는데 집에 올 때 뒤돌아보니 어슬렁거리며 따라오고 있었다. 꼬리를 축 늘어뜨린 패잔병을 위로는커녕 본체만체했다.

두어 번 모진 꼴을 당하자 그들은 뒷산으로 오지 않았다. 또 그런 불상사가 생길까 봐 논길로 나가는 것 같았다. 하룻저녁 마당에서 내려다보니 일개 소대가 열을 지어 산책을 간다. 개 세 마리와 그 집 식구들의 그림자가 불빛에 뒤섞인 화려한 밤의 외출이었다. 부러웠다. 자주 저들과 함께해야 정이 들 텐데.

친구의 주인은 외국에서 시집온 여자를 '들온 사람'이라고 업신여기면서 누렁이를 자기네 식구로 인정한 것은 좀 의아했다. 종족인 짐승보다 인간이 먼저 짐승을 가족으로 인정한 것에 질투도 났다. 친절한 척하다가도 조금만 본토박이들 습성에 안 맞으면 '들온 사람 잘해!' 하면서 억압을 넣으며 갑질을 하는 것이다.

생명 자체가 들온 것 아닌가, 태어난 자체가 이 땅에 들어온 것 아닌가. 오늘 여기 있다가 내일 저리로 가는 물과 같은 것이 생명인데 천년만년 자기들만 뿌리내리고 살 것처럼 행세하는 게 너무나 가증스럽다. 진정한 토박이라면 들어온 사람들이 빨리 적응하도록 도와주고 이끌어 줘야 하지 않을까. 시간이 흐르면 모두가 토박이요 모두가 이방인이다.

자기 영역을 뺏기지 않으려고 싸우는 텃세는 본래 하등동물의 특권인데 고등동물로 자처하는 인간이 오히려 한술 더 뜬다. 사람도 별수 없이 동물의 범주를 넘지 못하는구나 싶어 애잔한 동질감을 느낀다.

'복'에 대한 우리의 직감은 맞아떨어졌다. 옆집 주인이 누렁이를 잘 대해 준 본심이 드러나고 만 것이다. 목줄을 매지 않고 돌아다닌다는 낯선 개에 대한 논란이 있고 얼마 지나지 않아 철망을 한 트럭이 들어 왔다가 동구 밖을 빠져나갔다.

누렁이는 목줄도 없이 왜 동네를 배회했는지. 실려 가는 누렁이 냄새를 맡고 우리는 한번 짖지도 못하고 꼬리를 내리기만 했다. 겁에 질려 철망이 내뿜는 매연의 꼬리만 우두커니 바라보았다. 풍문에 의하면 누렁이는 약에 쓰일 거라고 했다. 그동안 친구 주인이 베푼 정은 모두 가짜였단 말인가.

그날 밤 창틈으로 들으니 버지, 머니도 좋아하는 눈치다. 목줄도 없이 마구 다니다 사고라도 나면 어쩔 뻔했냐고. 사람이란 알 수도 믿을 수도 없다. 우리는 밤새도록 마당에 깔린 달빛만 무한히 바라보다가 한 번씩 목구멍으로 튀어나오는 소리를 어쩌지 못했다.

텃세의 정수리에 컹컹, 나의 비겁함에 컹컹, 하지만 짖는 소리는 공허의 메아리가 되어 되돌아왔다. 우리 영역에 들어왔다고 괴롭힐 줄만 알았지 짖어야 할 때 짖지 못하는 우리는 영원한 겁쟁이, 한 마리 개에 지나지 않았다.

# 어느 고양이의 방랑기

### C시에서

오래전 나는 가난한 어느 집에 얹혀살았다. 주인은 박봉에도 불구하고 가족을 잘 건사하는 듯했다. 하루는 직장동료들과 퇴근 후 화투장을 잡았다. 노름이란 본래 물귀신이 끌어당기듯 욕심의 수중으로 자꾸 끌려 들어가는 법, 끝내 빚보증에 휘말리고 카드깡을 하다가 그의 생은 피지도 못하고 박 쪼가리가 났다.

### A군에서

나도 별 수 없이 길거리 고양이가 되어 헤매고 다녔다. 한 곳을 지나는데 익숙한 냄새가 난다. 후각이 발달하기론 우리만 한 짐승도 없을 것이다. 농기구와 쓰레기 포대가 먼지를 둘러쓰고 너저분하기 그지없는 대문간은 고양이가 숨기에 좋았다. 문간방을 살피니 아니나 다를까, 나의 주인, 몰락 남男이 흐릿하게 엎어진 채 자고 있었다. 본가로 온 것이다.

드디어 올 것이 왔다. 어린애 둘 찌그덩한 대문을 밀고 들어선다. 너무 반가워 야오옹~ 인사를 할뻔했다. 애들은 여섯 살, 네 살. 엄마는 뒤따르지 않았다. 열린 틈으로 재빨리 나가보니 빨간 자동차 한 대가 흰 꼬리를 꼬며 달아난다. 예상되는 바다. 전에는 자동차가 없었는데 무슨 돈으로 샀을까. 다시 들어와 마루 쪽을 보니 고모와 할머니가 애들을 부둥켜안고 운다. 애들은 아예 울음소리를 못 낸다.

목에 걸린 울음이 더 아프게 가슴을 도려낸다는 걸 알았다. "달면 삼키고 쓰면 뱉는 게 가족이냐!" 애들 할머니는 없는 며느리에게 악을 썼다. 사람들은 참 이상하다. 자기 아들의 수신제가 잘못은 들먹이지 않고 달아난 며느리 책임이 더 크다는 어투다. 분노는 할머니의 일과였다. 정신마저 이상해질까 두려웠다. 애들은 눈치만 늘고 삼촌이나 고모는 시원한 방도를 찾지 못해 안절부절못했다. 악쓰는 소리, 게으름, 음식물 쓰레기장보다 더 악취 나는 알콜 중독자의 방, 나는 다시 방랑의 길에 들어서지 않을 수 없었다.

T시에서

밤이 깊어가자 가로등은 고개를 떨구고 꾸벅였다. 이마에 불을 켠 건물로 들어갔다. 매서운 바람이 뺨을 후려쳤지만 따뜻한 느낌이 났다. 도서관이란 곳이었다. 인연은 참으로 묘하다. 드디어 한 직원이 출근한다. 안면이 있잖은가. 주말마다 친정에 들러 청소하고 조카들을 돌보던 고모 아닌가. 고모는 멀찍이서 나를 보더니 '무슨 물건이지?' 하는 눈치다.

이즈음 나는 지쳐있었고 움직일 힘조차 없었다. 지저분한 털, 할퀴어진 귀, 진물 고인 눈동자, 비루먹은 고양이를 누가 거들떠볼 것인가. 거기다 어떤 수컷의 발정에 못 이겨 배도 불렀다.

고모는 측은지심을 살짝 비치더니 그냥 도서관 안으로 들어가 버린다. 퇴근할 때도 "새끼를 가졌잖아~"란 말만 남겼다. 자연은 곁에 다른 생명이 있으면 저절로 온기를 뿜나 보다. 측백의 둥근 지붕이 아니었으면 나는 아마 얼어 죽었을지 모른다. 아무리 추워도 해는 뜨고 사람에게도 뿜어 나오는 햇살이 있음을 믿는다. 퇴근길에 나를 오래 생각했는지 자신의 조카들이 눈에 밟혔는지 출근하자마자 놀란 목소리로 "아직도 여기 있었어!" "이를 어째!." 하고는 부리나케 냉장고에서 먹을거리를 들고 나왔다.

그녀는 고양이에 관한 지식도 없고 싫어하기까지 한다. 알고 보니 그녀 집에는 우리 종족과 견원지간인 진돗개 두 마리가 있었다. 그들은 밭고랑에 돌아다니는 고양이를 보면 금방 찢어 죽일 듯 난리다. 바보 같은 것들, 자기들이 휀스라는 철망 안에 갇힌 줄도 모르고. 그러다가 둘이서 한바탕 물어뜯고 싸운다. 가관이다. 싸우는 개를 떼어 내려면 땀깨나 빼야 한다. 그러니 고모가 고양이를 좋아할 리 없다. 소시지와 멸치를 내밀었으나 구미가 당기지 않았다. 그녀는 할 수 없이 가게로 달려갔다. 그 후 그녀는 의도치 않은 캣맘이 되었다.

나는 새끼를 낳았다. 그녀가 밥을 주며 "네 새끼는 네가 책임져!"라는 말을 들어서가 아니라 새끼들은 야생으로 키울 것이다. 야생은 반려동물보다 오히려 털이 더 곱고 행동이 날쌔다.


**새로운 C시에서**


아이를 학대하고 버리는 엽기적인 일이 날이면 날마다 뉴스거리로 나온다. 키우던 고양이가 어찌 되었는지 알지 못하는 것은 잽도 안 된다. 밟아 죽이고 물고문해 죽이고 때려죽이고. 누가 짐승인지 모르겠다. 자존심도 없는 것들. 세렝게티의 얼룩말이나 누들은 악어가 득시글거리는 마라강을 건널 때 새끼들을 가운데로 몰아넣지 않던가.

뙤약볕이 내리쬐는 오후다. 배수로 안에서 새끼들이 철망 사이로 얼굴을 내밀며 세상을 보려고 야단이다. 자동차 한 대가 도서관으로 들어온다. 나는 앞발로 애들을 밀어 넣는다. 자식을 위험으로부터 막기 위한 짐승의 양육법을 사람들이 좀 배웠으면 좋겠다.

세월이 참으로 많이 흘렀다. 나의 주인은 신용회복 하는 데 일생을 바치고는 교회에서 하모니카를 분다나, 온갖 어려움을 딛고 애들은 자기 짝을 만나 미래를 꿈꾸고. 참담한 한 가정사를 털어놓으니 속이 후련하도다.

"갸르릉, 갸르릉"

 근데 나는 몇 번의 생을 살았기에 양지바른 언덕에 한 무더기 괭이꽃이 되었을까.

## 국화

한 떨기 쑥부쟁이가 낙엽 속에서 웃고 있다. 차가운 바람이 분다. 물고기들이 지나간 듯 파르르 떠는 꽃잎, 코를 간질이는 싸륵한 향기, 동생의 영정사진 주변을 둘렀던 국화가 떠오른다. 국화가 없었다면 슬픔의 자리에 무엇이 놓였을까. 언제부터 국화는 인간의 슬픔을 위로하고 치유하는 도구가 되었을까.

붓다가 열반에 들 때 북쪽으로 머리를 두고 사자 자세를 하자 때아닌 보리수나무에 꽃이 피고 시신 위로 꽃잎이 흩날렸다 한다. 부처님께 공양을 올리고 공덕을 기원하는 의식에 꽃잎을 흩뿌리는 행위는 여기서 시작되었을 것이다.

삼국시대에 불교가 들어오면서 제사 의식에 꽃이 사용된다. 불전에 꽃을 바치는 방식에는 꽃잎을 그릇에 담아 손으로 뿌린다. 고구려 고분벽화의 비천상飛天像에 산화하는 그림이 있다. 연꽃의 꽃잎을 둥근

쟁반에 가득 담아 하늘을 향해 가볍게 날리면서 매장자가 있는 방향으로 나아가는데 환영과 찬양의 의미가 있다고 한다.

구석기 시대에도 주검에 꽃을 바친 흔적이 보인다. 위키 백과에 의하면 충북 청원군 두루봉 홍수굴에서 발견된 홍수 아이의 유골 주변엔 꺾은 꽃과 꽃가루가 있었는데 감식결과 국화로 확인되었다. 미루어 보면 인간이 탄생한 이후 오래지 않아 죽음을 위로하기 위해선 꽃을 사용하였고 그것도 국화를 쓴 것으로 추정된다.

장미도 연꽃도 아닌 국화를 왜 죽음의 위로에 썼을까. 그 하나로 다른 화종에 비해 생태적으로 인간의 역사와 오래 같이하지 않았나 하는 생각이다. 들국화는 야생으로 군락을 이루어 자라고 그 수종도 많다. 인간의 희로애락, 생로병사를 처음부터 지켜본 것이니 자연히 인간의 마지막 길에도 함께 하지 않았을까. 이 땅에 소나무가 많으니 태어났을 때 금줄로 쓰고 죽어서 관으로 쓰이듯 말이다.

태어나서 내가 가장 먼저 본 꽃이 국화나 진달래였지 싶다. 진달래는 색깔이 화려하고 날렵해 슬픔의 장소에 가져다 놓기는 생뚱맞을 것이다. 봄꽃이라 성장과 기쁨에 적합할 것이고 국화는 한 해의 끝에 피는 꽃으로 이별이나 소멸에 더 가까울 것이다. 꽃의 종류나 색깔에 따라 생성과 소멸로 상징됨은 인간의 근원적 심리라 여겨진다.

다음은 향기다. 장미나 후레지아 같은 향기는 은은함보다는 너무 매혹적이라 슬픔의 장소에 쓰이지 않았을 것이다. 한번 꽂으면 적어도 사흘은 온전한 상태를 유지해야 하는데 향의 수명이 국화에 비해 짧다. 또한, 국화는 그 향이 살충 성분과 진정 효과가 있어 주검에서 나오는 나쁜 기운을 완화 시키는 데 도움이 된다고 본 것이다.

국화 향은 씁쓸하면서도 가슬하다. 고된 일생을 살아낸 이의 거칠한 손등에서 나는 냄새다. 그렇잖은가, 소쩍새 울 때마다 잎이 나오고 천둥이 요란할 때 줄기가 굵어지고 가뭄에 쩍쩍 땅바닥이 갈라질 때 나뭇가지처럼 단단해진 후 꽃을 피워낸다. 인고의 시간을 견뎌내는 인간의 일생에 더 가깝다. 초봄 한때 피어나 꽃샘바람에 지고 마는 사뿐히 지르밟을 진달래와는 다른 것이다. 아무렴 다른 것이다.

국화는 손으로 다루기가 좋다. 안전하면서도 꽂는데 편리하다. 꽃대에 가시가 없고 다른 꽃에 비해 굳세어 극히 조심스레 다루지 않아도 좋다. 거기다 꽃송이와 꽃송이를 서로 밀착시켜 공간의 틈을 조밀하게 장식하는 데도 유리하다. 거기다 연꽃잎과 모양이 비슷해 연화화생蓮華化生의 의미를 연상시키는지도 모른다.

영정 주변에 노란색과 흰색의 대비로 장식한 것은 달걀이 연상되고 이는 생명의 원초적 물질로 다가온다. 꽃잎은 달걀형으로 두 손 모은 기도의 기호다. 몇 겁 후, 비록 망자와 다시 만나지 못하더라도 환생하길 바라는 기도인 것이다

국화 꽃잎의 볼록한 타원형은 물고기의 알을 닮았다. 생물학자들에 의하면 인간의 시원이 물고기라는데 어쩌면 국화 꽃잎은 생명의 상징일 것이다. 아무렴 그럴 것이다. 그러니 찬바람 지나가는 가을 언덕의 들국화는 물고기의 동작을 기억하고는 파르르 떠는 것이다. 물고기의 타원형은 죽음 뒤의 생명으로 나아가는 추진이다. 남겨진 자들은 그 추진으로 성장할 것이고 돌아간 이는 돌아, 돌아 억겁 후에 돌

아올지도 모른다. 아무렴!

 국화는 망자를 저세상으로 바래다주는 수호자들의 배다. 대국을 잘 그리는 문인화가는 국화 한 송이에 꽃잎을 한 서른 장은 채울 것이다. 이 정도 되면 꽃잎이란 생각은 없고 한 닢 한 닢이 곧 사람이다. 송이, 송이는 한 척 한 척의 배, 물 없는 바다를 건너는 배에 탄 이는 한 무리의 아라한이다.

 모든 번뇌를 끊은 현자들, 아라한이 망자를 호송한다. 국화 향내는 아라한의 독경 소리다. 망자는 이 독경의 향내에 고요히 잠들어 두려움 없이 저 먼 나라로 나아갈 것이다.

 너는 갔다. 영정사진 주위에 국화 장식을 하니 죽음이 외롭지 않아 보였다. 오히려 살아있을 때 보다 출중해 보였다. 조문자의 슬픔과 한숨과 위로가 국화에 실려 향기로 바뀌었을 것이다. 아라한의 독송이 되었을 것이다.

 국화는 한 척의 배, 망자를 위해 삐그득 삐그득 저세상으로 갔을 것이다. 아무렴 두려움도 고통도 없는 피안에 닿았을 것이다. 망자를 국화로 에워싸는 의식은 인류의 탁월한 선택이다.

 네 가는 길 국화가 있어 참으로 다행이다. 흰 꽃, 노란 꽃 환히 불 밝힐 것이다. 새로운 탄생을 염원할 것이다. 주변이 붙여 준 천재라는 별칭과 우수 고등학교, 우수 대학의 합격이 만든 마라魔羅에 걸려 얼어버린 영혼, 자만과 아집으로 끝내 적극적이고 성숙한 삶을 살지 못한 이승을 아라한의 독송이 녹여 줄 것이다.

바스락거리던 낙엽이 오늘은 차르륵 차르륵 물결 소리를 낸다. 계절이 깊어지나 보다. 발목에 감기는 낙엽의 물살이 묵직하다. 귓전에 고인, 누우야! 부르던 소리가 이슬로 차오른다. 한 방울 이슬 떨구어 너의 전화번호를 지운다.

# 다음에 오자

"한 모롱이만 더 돌면 될 것을 내비게이션 시키는 대로 멈추더라니, 당신의 융통성은 박물관 감이야."

"내비게이션 맞출 때 설흘산 주차장을 재빠르게 누른 게 누군데."

여태 내비게이션 없이 지도만으로 잘 살았는데 기계가 사람을 다투게 한다. 외적인 방해가 없으면 내적 장애를 만들며 사는 것이 인간의 본성일까.

아침 일찍 채비하고 나선 길은 남해 설흘산이었다. 내비게이션은 사촌마을 등산로 입구에서 목적지까지 다 왔다고 한다. 산 들머리 이정표도 여기가 설흘산이라고 손가락 표시를 했다.

얼마간 올라가 안내표지판을 보니 우리가 선 곳은 설흘산이 아닌 응봉산이다. 무슨 이런 일이, 하고 자세히 보니 설흘산은 응봉산 가운데 있거나 반대쪽에 있어 응봉산을 반드시 거치지 않으면 갈 수 없는 곳이다. 먼저, 꼭, 해야만 다음을 진척시키는 일의 과정과 같았다.

산을 목적으로 했으니 어떤 산이면 어떠랴 하면서도 구겨진 옷을 입고 외출하는 기분이다. 응봉산은 1,800m, 정상까지 세 시간은 걸리겠다. 거기서 설흘산으로 가려면 오늘 하루로는 어렵겠다. 갈수록 바위는 험준하고 능선은 가파르다.

다행히 사이사이 나오는 오솔길은 옥죈 마음과 몸을 풀어준다. 동시에 찌름박 짜름박 서로를 탓하기도 좋아 결국은 네 탓이니 내 탓이니 하며 언성을 높인다. 바위가 가로막을 때 보다 평탄한 길에서 오히려 다투고 있다니. 이래서 고난은 보약인가 보다. 어려움이 가득 발목을 잡아야 합심하고 딴생각 못 하는 것이다.

꽃게를 싣고 대서양을 건너는 배에 문어를 함께 넣었더니 꽃게도 문어도 건강하게 살아있더라는 말처럼 서로 스트레스 주며 살아가는 것도 건강한 가족생활일까. 조용조용 간지럽게 얘기하면 뭐가 잘못된 것처럼 어색할 때도 있다. 슬쩍 꼬고 비틀어야 대화의 맛이 나기도 한다. 사람 사이는 어떤 것이 정답이라 말할 수가 없다. 골이 깊어지는 경계에서 빠져나오는 것도 기술이다. 이러면서 부부는 일생의 긴 여행을 하고 있는지도 모른다.

또다시 바위의 절경이 나타난다. 나무 사이로 언뜻언뜻 바다가 보인다. 집터인지 묏자리인지 담을 쌓았던 흔적이 있다. 삶의 흔적은 참으로 오래가고 잘 지워지지 않는다며 타시락거리던 분위기를 살짝 튼다. 연록빛 이끼가 운치를 더하는 바위 사이에서 도시락을 편다. 바다가 완연히 한눈에 들어온다. 화물선이 가고 고기잡이배가 온다.

배는 바다를 다리듯 지나간다. 무수한 물 주름이 펴지는 듯하다가 또 주름이 생긴다. 우리도 그럴 것이다. 편다고 한 것이 실은 구겨진 무늬를 만들었을 것이다. 배의 꽁무니를 따라가며 부글거리던 물살은 금방 고요해진다. 물은 그냥 두어야 고요해지는 것, 사람의 마음도 물과 같이 자꾸 다리면 그것이 또 구김살을 만들지 싶다.

바다 귀퉁이에 모여든 배들은 엉덩이를 달싹이며 여담을 나눈다. 늙은 선장은 험난함을 헤치고 다닌 지략을 털어놓으리라. 닿지 못한 곳에 대한 꿈도 털어놓으리라. 젊은 배들은 귀를 곧추세우고 얘기의 솔기를 맞추리라. 솔기는 이쪽과 저쪽의 이음새요 다리다. 그 좁다란 솔기로 옷의 맵시가 살거나 죽기도 한다. 뱃사람들의 한살이도 저런 휴식의 시간에 하나의 계통을 이루었지 싶다.

배가 지나간 자리에 햇살의 윤슬이 인다. 잔주름 사이로 산란하는 빛, 무수한 생명이 방사된다. 바다는 주름졌다 펴지는 반복의 균형이다.

우리도 다시 바위를 탄다. 배가 물결을 타듯 바위도 타야 했다. 몸을 낮추고 바위와 한 몸 되어야 한다. 저 바다에 배 가듯 바위에 착 달라붙어 다리미가 된다. 아니 나를 다린다. 튀어나온 몸과 마음을 안으로 접어 넣으며 위험을 부둥켜안는다.

빨리 가려는 욕심의 군살을 덜어내며 조금씩 앞으로 나아간다. 바위는 칼 주름을 세우고 비스듬히 누웠거니 꼿꼿이 서 있다. 이 산은 바위와 이끼가 명물이다. 바위는 무엇 하러 이 바다까지 달려와 멈추었을까. 저 반짝이는 물빛에 눈이 부셔 더 나아가지 못했을까. 나아가지 않음의 나아감을 택했을까. 앞에 선 빈자리를 바다에 내주고 바위 솔이랑 이끼를 데리고 해 바라기를 한다. 언제 그랬냐는 듯 우리도 바위솔 곁에 누워서 사진을 찍는다.

 고도를 높일수록 설흘산은 희미하고 응봉산 정상은 건너편으로 달아난다. 갈 길은 먼데 바위는 칼끝처럼 뾰족하다. 다리미가 아닌 인두가 되어 바위 결 사이를 누르듯 짝 달라붙어 발발 긴다. 위험하다. 여기서 멈춰야겠다. 좀 더 갈 것이라고 욕심을 부린다면 탈이 날 수도 있다. 다툼의 경계에서 눈치를 살피며 뒤로 물러선다. "다음에 오자"며 마음을 합친다.

 다음이란 참으로 편안한 말이다. 이루지 못한 것을 다 미루어도 좋고 가시랭이 일어난 마음을 평온으로 돌리기도 좋다. 목적지를 기억에 지워도 책임이 없다. 오늘이 지나면 내일이란 산은 더 높아지고 우리는 낮아져서 이 산을 못 올 수도 있다.

 연무가 감돈다. 세탁소에 고인 증기압처럼 고즈넉한 해거름이다. 처음 계획한 산엔 명함도 못 내밀고 뜻밖에 만난 산도 정상을 눈앞에 두고 가지 못했다. 타시락거리던 초입의 시간은 다 잊어버렸다. 시간도 거리도 무한한 다음이란 말에 참기름 바른 김을 재우듯 이루지 못한 오늘을 재우고 발길을 돌린다.

# 묏등에 둘러앉아

 산길을 내려간다. 산 중턱 묏등에서 먼저 내려간 본전꾼들은 햇볕을 쬘 것이다.
 겨울이 되면 이들은 화톳불을 쬐듯 묏등을 반달처럼 둘러싸고 앉는다. 둘레에 바위가 마침맞게 놓여 있고 앞이 탁 트여 들녘을 내려다보기 그만이다.
 뒤쳐져서 내려온 내가 고요를 흔들었다. "사진 한판 찍읍시다. 한 장씩 빼서 거실에 걸어둡시다!"
 말이 없다. 아무도 뒤돌아보지 않는다. 새 봉분인 듯 바위인 듯 명상으로 조용하다. 묏등 역시 흙이 부슬부슬 내려앉으며 묵언이다. 오래지 않아 봉분은 평지로 돌아갈 것이다.
 노인들은 서로 아무런 인연도 없는 사람들이다. 다만 마을 뒷산을 오르내리다가 산 중턱의 한 묏등에 약속도 없이 둘러앉은 것이다. 젊은 시절 세상일에 설레고 부딪고 상처받다가 또 다른 세상의 이편으로 건너온 사람들이다.

가끔 자기 생일을 맞아 자식들이 다녀가면 소박한 음식을 사며 소소한 즐거움을 나눈다. 어쩌면 자신의 헛헛함을 깊숙이 숨기는 일인지도 모른다.

햇살 사진사가 이들을 한 장에 담는다. 남녘을 향하는 마음이 수학여행 온 학생들 같다. 산 자든 죽은 자든 남쪽을 향함은 해의 고도가 가장 높고 에너지가 가장 많다고 믿는 본성일 것이리라.

햇살 알갱이가 이들의 옷 속에 발을 넣으며 고물거린다. 흙 속을 파고드는 씨앗의 느린 영상이 겹쳐진다. 사선을 그으며 내려오는 햇발에는 알지 못하는 무수한 씨앗이 송송하다. 오래 이곳에 있으면 내 몸에도 싹이 트겠다.

이른 봄이면 묏등은 할미꽃 새순을 하얗게 내밀고, 여름이면 새뜨기가 숭숭하게 자라 거칠고 억센 청장년의 성미를 드러낸다.

그러거나 말거나 산길을 오르는 사람들은 묏등을 거들떠보지도 않고 여름 한 철은 그늘을 밟으며 산을 올랐다.

약속하지 않고도 늘 그 시간대, 그 길에서 만나지만 어느 날은 어르신 한 분 보이지 않을 때가 있다. 저 아래 논길로 가나? 은연중 묻고 대답한다. 가야 할 길로 갔겠지!

언젠가 한 사람 두 사람 이 산길을 못 올라올 때가 올 것이다. 생멸生滅의 바퀴가 끊임없이 돌아가는 길목에서 우리는 잠시 만났다 헤어진다. 만남도 이별도 다 산의 일부다.

묏등을 두르고 각각의 생각에 잠겨 묵묵히 들녘을 내려다본다.

# 알밤을 주우며

 마지막 여름 잔챙이가 거미줄처럼 몸을 감는다. 가파른 언덕길을 올라 고함을 내지른다. 아이! 아이! 아이!. 헐떡이던 숨결이 내지르는 고함에 묻혀 가라앉는다. 아직 이 정도는 아쉬운 대로 뒷산을 오를 거라 위로해 본다. 어디선가 멧돼지가 우릴 보며 '얼마 못 가 저들도 이 산에 못 올라올 거야!' 회심의 미소를 지을 것만 같다.
 마을 뒷산은 거의 밤나무 산이다. 그 옛날 밤 시세 좋을 때 자식들 학자금으로 농자금으로 생활비로 쓰였는데 그만 시세 폭락하고 힘에 부친 노인들이 못 올라오니 밤나무도 그만 독거노인 신세다. 산도 독거노인, 우리 부부 산길을 오르니 독거노인들이 반긴다.
 숲은 바닷속처럼 출렁이고 물까치, 직박구리, 박새들이 여기저기서 찌익 빠악 울어댄다. 매미들은 대목장을 연 듯 마지막 목청을 뽑아댄다. 숲은 고요하지 않아야 한다는 최재천 교수의 말에 공감하며 아무렴 동식물들이 시끄럽게 울어야 숲 맛이지!. 여태 글 쓰는 사람들은 대개 '고요한 숲' 운운하지만 실은 그게 진실에서 멀다는 것 아닌가. 숲의 젊음이 곧 인간의 젊음이다.

숨쉬기 박자를 잘 맞춰 걸어야겠다. 내 명줄은 내가 조절할밖에. 들이쉬고 내쉼에 삶과 죽음이 달려 있잖은가. 이러며 걷는데 벌써 쨍긋이 입 벌린 밤송이가 뒹군다. 아이구나, 귀여운 아람! 그냥 지나치는 것은 도리가 아니다. 두 발 마주 모아 발름한 송이의 입술을 양쪽으로 벌린다. 쏙 볼가지며 구르는 알밤의 밑동은 갓 머리 깎은 여남은 살 소년 같다. 그놈을 줍다가 눈을 돌리니 아뿔싸 미리 땅에 뒹구는 놈도 있다. 식식거리며 구부린 자세로 옆으로 손이 간다.

이게 뭐라고 망가진 척추 생각지도 않고 이러나 싶어 실실 웃음이 나온다. 알밤 하나로 죽고 사는 문제도 아닌데 스타일을 구기고 알밤 줍는 기계로 변신하나. 아니다 이럴 때 젊음의 기운이 솟는 것 아닐까.

새벽같이 일어나 밤을 주우러 가던 아이들, 언덕 아래로 뛰어내리거나 발발거리며 오를 땐 숨을 잘 못 쉬어 어쩌나, 허리 다치면 어쩌나 하는 생각은 추호도 없었다. 그러던 아이가 이젠 운동을 해야 산다는 의사의 처방에 따라 걸으러 나왔다가 옛 생각에 끌려 밤을 줍고 또 줍는다.

밤의 생은 만만치 않다. 바로 먹히지 않으려고 무시무시한 가시로 무장하고 딱딱한 껍질의 갑옷을 입고 떫은 보늬의 속옷까지 입고는 태어난다. 상대에게 가볍게 보이거나 호락호락 넘어가지 않으려고 온갖 지식과 스펙을 쌓고 좀 더 좋은 배우자를 만나려고 자신을 포장하는 인간과 다르지 않다. 해탈이 따로 있는 게 아닌 것 같다. 아등바등 살아내려는 그 자체가 해탈인지 모르겠다.

 삶은 밤을 먹을 땐 어금니로 눌러서 깨물어야 제맛이다. 칼로 잘라서 밤의 형체를 그대로 살려서 먹기란 오징어 게임보다 어렵지만 이렇게 먹으면 맛이 없다. 어금니로 깨물어 포실한 속을 칠칠 흘려야 입에 군침이 돈다. 잇몸을 다칠 수 있고 혀끝에 바늘이 돋기도 하지만 칼의 작업보다 수월하다. 밤은 자신을 더 맛나게 먹도록 도구가 아닌 사람의 이빨을 원하는지 모른다. 사람은 다른 생명을 자신의 몸으로 바꾸려고 이빨의 수고를 기꺼이 바친다.

 제사상에 올리기 위해선 겉껍질을 까고 물에 불렸다가 삐치듯 깎는데 이것을 '율을 친다'고 했다. 이는 고수의 일, 아버지나 할아버지의 몫이다. 잘못하다간 손을 베기에 십상이다. 고수가 된 어버이들 누구나 한 번쯤은 손을 베였을지도 모른다. 밤을 한자로 율栗이라지만 일정한 법칙으로 치기에 율律친다는 말을 붙였는지 모르겠다.

 율 치기는 위험한 수고다. 제사상에 올린 하얀 한 톨의 수고가 자식의 입으로 들어갈 때 아삭하던 소리를 들으며 시집 장가 잘 가서 알밤 같은 자식을 낳으라고 소망했을 것이다. 하지만 지금은 떨어진 밤에 애착을 갖고 주우러 오는 사람이 없다.

 초가을 한철이나마 중늙은이들의 손길이 미치니 하하 웃는 아람, 열매 맺기까지의 보람은 그래도 사람 손에 들려 인간 세상으로 나아가는 일 아닐까. 하지만 가을이 깊어갈수록 누구도 거들떠보지도 않는 밤송이들은 산길에 수북할 것이다. 바깥을 나와보지도 못한 채 죽어가는 알밤의 독거노인이 될 것이다.

작년에 떨어진 밤송이는 벌레의 집이 되어 시커멓게 썩었다. 숲 사이로 예전 다니던 경운기 길이 잡목에 가려 어렴하게 보인다. 길도 홀로 늙어 다른 생명으로 채워진다. 사람의 발길이 끊어지면 숲은 시끄러워지겠지만 알밤은 제구실 못 하고 흙으로 돌아갈 것이다. 진정한 숲은 사람과 잘 어울려야 한다.
　산새들이 온갖 소리로 떠든다. 우리 양식 그만 주워 가라고. 여긴 우리 터야! 노랑나비가 팔랑이며 저기 멧돼지 온다! 고함을 친다. 나비는 할랑할랑 땀 한 방울 흘리지 않고 가벼운 곡선을 그리며 춤추다가 우리를 놀리듯 나뭇잎 뒤로 숨는다. 우리는 땀을 뻘뻘 흘리며 독거노인이 될뻔한 밤을 지고 터덜거리며 산길을 내려온다. 내년에는 이 짓도 못 하겠다! 소리가 몇 번이고 나온다.

# 얄미운 봄

 비가 와야 일기를 쓸 텐데. 어디서부터 하루가 시작인가. 도무지 잘 리지 않는 나날. 날씨를 기준으로 하루의 경계를 잡아야 하나. 해가 뜨고 지는 단순한 것 말고 마음의 굴곡을 따라 하루를 잡아야 하나. 따끈한 햇살과 싱그러운 바람이 연속적으로 지나간다. 어디에서 끊어야 하나, 비가 와야 점을 찍을 텐데. 씨를 뿌릴 텐데.
 가시가 있어야겠다. 내 글에는 가시가 없다. 똑같은 밤, 똑같은 빛. 9시 뉴스의 아나운서는 예나 지금이나 비슷한 또래다. 나이 들면 그들은 어디로 사라질까. 뉴스는 늙으면 안 되는 것일까.
 세상은 가운데 토막만 살아있다. 머리도 꼬리도 없는 세상. 오직 현재만 있다. 서른에 봤던 아나운서는 지금쯤 칠순은 넘겼을 텐데. 꼭 초록의 음성과 표정으로 나오고 멎는다. 뉴스는 늘 초록이다. 한 번 들어간 앵커는 다시 나오지 않는다. 비가 와야 밀린 일기를 쓸 텐데.

자라다 만 오이가 성큼 자랄 텐데.

　인공눈물은 들어가면 무소식, 눈은 자꾸만 눈물을 원하지만 진짜 눈물은 나오지 않는다. 머리를 뒤로 젖히면 쌕쌕 소리만 들린다. 지구의 숨소리가 들린다. 터질 듯 무거운 가방이 머리에 달려 온몸을 짓누른다. 과부하에 걸린 몸을 느낀다.

　쌕쌕 귀가 운다. 감나무 새순이 뾰족하게 나오는 소린가. 처음 인공눈물 넣을 때 이것만 넣으면 마중물이 되어 천연 눈물이 나올 줄 알았다. 하지만 영원한 인공눈물이 되어 끊지 못한다.

　사방거울에서 나는 복제된다. 나는 사방으로 분해되어 거울이 좁다. 어린 날 문틈으로 보던 문구멍이 여러 개로 불어난 것은 그냥 놀이가 아니라 내 눈에 대한 이정표였구나.

　오이꽃이 그립다. 그 자리서 따먹으면 아삭 퍼지던 싱그러운 오이 씨, 잇몸 사이를 매끄럽게 흘러다니던 연한 살결이여.

　앞산 연둣빛 숲은 소보레 빵처럼 부푼다. 해마다 보는 봄이지만 봄은 볼 때마다 다르다. 똑같은 빵틀인데 부어진 재료는 해마다 다르다. 갈수록 눈물겨운 봄.

　요양원 복도를 지나가는데 탄식의 목소리 들린다. '아이고 고와라' 뇌이는 소리, 고개를 돌려보니 할머니의 눈길이 봄 길이다. 닳을까 조심조심 걷는 봄 길. 나는 흐르고 봄은 언제나 그 시점에 와서 점을 찍는다. 흐드러진 새봄이 괜히 얄밉다.

# 어느 주걱의 일생

　무쇠솥이 있던 시절에 그녀는 나무 주걱이었다. 긴 팔과 넓은 손은 시원하게 밥을 펐다. 한판 승리를 원하는 씨름 선수처럼 시래기 삶을 땐 힘차게 뒤집기를 했다.
　에디슨의 전기가 밥솥으로 발을 뻗자 전기밥통은 이 방 저 방 옮겨서도 밥을 짓게 되었다. 그녀 팔은 짤막하고, 얼굴은 손바닥만 해졌다. 밥통 옆 조그만 물그릇에 담기어 다음 밥을 기다렸다.
　정지가 부엌으로 불리다 이젠 주방이 되고 그녀의 몸도 나무에서 세라믹으로 바뀌었음에도 밥을 풀 땐 생기가 넘쳤다. 기다란 원뿔 모자를 쓴 서양 요리사에나 어울릴법한 주방이란 말이 어색해도 자신의 전공을 살릴 수 있으니 다행 아닌가. 가스 불에 덴 흔적이 훈장처럼 우둘투둘 남아 있어도 개의치 않았다.
　속초 대포항 어느 횟집의 주걱도 이런 일생을 거쳤는데…. 그녀는 손님들의 밥을 퍼서 온장고에 넣기를 수천 번, 그만 밥통의 고장으로 새 밥통이 들어오게 되었다.

새 밥통의 손이 돼야지 여기는데 비닐에 싼 새 주걱이 다소곳이 나왔다. 자기보다 훨씬 젊고 피부가 고운 여인이 새 밥통의 밥을 푸는 동안 그녀는 이제 할 일이 없어졌다. 이 선반 저 구석에 누웠다가 나물거리를 데치는 데 쓰이거나 새 여인이 목욕을 하는 동안 잠시 대역으로 뛸 뿐 그녀가 할 일은 그리 많지 않았다. 이를 두고 뒷방 늙은이라 했던가.

어느 날 한 손님이 화장실 열쇠를 똥통에 빠트리는 바람에 자물통이 바뀌었다. 주인은 열쇠를 잃어버리지 않을 생각을 곰곰 하다가 그녀를 떠올렸다. 그녀 얼굴 귀퉁이에 구멍을 뚫고 열쇠로 귀걸이를 달아준 것이다. 인생 말년에 패물을 걸치다니! 오래 살고 볼 일이다.

어느 날 주걱을 들고 화장실에 간 한 손님의 눈에 띄어 함께 사진도 찍게 되었다는 것 아닌가. 살아가면서 일생이 어떻게 바뀔지는 아무도 모르는 일, 언젠가 새로운 바람이 불어 당신도 늘그막에 일자리 하나를 얻고 어떤 화보의 모델로 등장할지 모를 일이다.

6부
# 황계폭포 가는 길

북천하고 말해 봐

사려니 숲 가는 길

여수 돌게

황계폭포 가는 길

만복대 가는 길

# 북천하고 말해 봐

아무렇게나 껴입고 투덕투덕 걷고 싶은 곳이 있다. 내가 만약 그 마을에 산다면 산마루 찻집에 앉아 빗금을 그으며 내리치는 눈을 오래 내려다 볼 것이다. 내가 그런 생각을 떠올린다면 눈이 아니 올 리 없다. 이름만으로 그리움이 시작되는 곳, 다른 곳을 가다가 목적지를 바꾸고 싶은 곳이다.

사실은 그날 고목을 찾아 나선 길이었다. 고목을 보는 순간 이미 나는 시공을 뛰어넘는다. 여행 중의 최고는 시공을 넘는 것 아닐까. 김동리가 자주 지나다녔다는 원전을 지날 때 북천이란 이정표가 뜬다. 우중중한 날씨는 마음을 바꾸기에도 안성맞춤이다.

벌써 스무 해쯤 지났나, 출퇴근길은 고역이었다. 60KM의 규정 속도를 지키다가 소를 실은 트럭이 앞에 까닥이고 가면 안절부절못했다. 퇴근길의 요의, 갈증, 동절기의 어둠, 두 번 다시 겪고 싶지 않은

이 길, 하동 가는 길이다.

유현준 건축학 교수는《도시는 무엇으로 사는가》에서 사람들은 이벤트가 많은 거리를 걷고 싶어 한단다. 이벤트가 있다는 것은 입구가 여럿 있음을 말한다. 입구란 사람을 드나들게 하는 장치다. 꼭 문이 아니라도 좋다. 그게 꽃이라면, 노래라면, 춤이라면 더욱 끌릴 것이다. 거기다 자신만의 오롯한 추억이 깔려 있다면 더 큰 이벤트가 될 것이다.

거듭 말하지만 나에겐 하동은 좁고 느리고 고단한 길이다. 다만 북천! 하고 뇌이면 뭔가 푸르스름하고 어둑하면서도 광활한 골짜기가 펼쳐질 것 같은 약간의 이율배반적 느낌으로 정렬되기에 다시 그 길을 지나고 싶은 것이다.

북천은 내가 가 보지 못한 북쪽 땅 회령 어딘가에 있을 법도하고 백석의 고향 정주성 근처의 어느 역 같기도 하다. 어쩐지 눈이 푹푹 내려 '나타샤와 당나귀'와 흰 오두막에 들어가 세상을 버리고 살아가는 어떤 눈 맑은 이가 있을 것만 같다.

북천 마을은 낮다. 지붕도 낮고 길도 낮고 무엇보다 하늘이 낮게 내려온다. 그러기에 코스모스가 피면 마치 하늘이 꽃밭이요 은하수가 땅에 깔린 듯하다. 비경은 북천의 가을을 말하기 위해 생긴 듯하다.

코로나로 두어 해 축제를 못 한다더니 올해도 그냥 지나가는가? 갸웃거리며 낯선 문을 열듯 조심스레 차를 끌고 북천으로 들어선다. 처음엔 고요한 듯하더니 수런거림이 느껴진다. 하늘엔 대형 광고풍선, 갓길 주차장엔 자동차가 제법 보인다. 점점 들어가니 사람들도 점점 많아진다. 무얼 하지? 차창을 내리니 세상에나 온통 붉은 만수의 바다다. 빨강, 노랑, 하양이 물결친다. 시루떡 같이 포근포근하다.

이런 눈 호강이 있나. 그냥 지나치면 강심장이요, 바보천치, 갓길로 차를 슬슬 붙인다. 내려보니 온 천지에 꽃양귀비다. 별천지다. 뒷배경을 찍고, 들어가서 찍고 나와서 찍고, 앉아도 보고, 서도 본다. 꽃송이를 삼킬 듯 접사 촬영도 한다. 어찌해야 이런 장면을 더 내 몸 안으로 끌어들일 것인가. 흥분한다.

참으로 나는 꽃을 대할 때 어떤 상태가 되어야 할지를 잘 모르겠다. 얏호라고 소리를 질러야 할까, 두 팔로 안아야 할까, 꺾어서 입맞춤? 어느 만큼의 거리에 있어야 할까. 폰에 담아가는 것 말고 할 게 없다.

구경꾼을 보며 꽃도 반가워할지 모른다. 두어 해 꽃 피우지 못해 꽃들도 힘들었을 것이다. 설사 피었다 해도 사람이 봐 주지도 않고 이름을 불러 주지 않았으니 꽃이 꽃이겠는가. 내 맘 짚어 남의 맘 안다고. 네 안에 내가 있고 내 안에 네가 있기에 네가 웃어야 나도 웃는 보람이 있다.

꽃양귀비 접사 촬영을 하며 나는 우주를 유영한다. 블랙홀을 지나 붉은 태양의 홍염 주변을 헤엄친다. 수많은 수술과 가운데의 분홍 암술이 또 하나의 태양계를 이룬다. 바깥 꽃잎은 너무나 강한 꽃심의 중력에 휘어져 오히려 무게가 없다. 김연아 선수의 날렵한 치맛자락 같다. 꽃을 떠받친 줄기는 숭숭한 털이 달려 닿으면 살갗을 상하게 할 것 같아 얼른 빠져나온다. 아름다움엔 언제나 독이 있다잖은가. 다시 지구로 돌아온다.

꽃양귀비의 꽃말은 덧없는 사랑이라 한다. 그럴듯하다. 블랙홀 안으로 빨려 들어가면 아무것도 없는 무無의 세상일 테지. 가운데 자리한 검은 암술의 꿈이 두렵다. 둘러싼 수술들의 쟁탈도 두렵다. 저 암술 안으로 빨려들어 가면 수술은 극락의 기분에 들까. 봉오리는 화들짝 고개를 들고 꽃잎을 까뒤집으며 중매쟁이를 유혹한다. 생명을 이어 가는 전략은 기발하고 주어진 사명을 완수하려고 최선을 다한다. 뒤집힌 꽃잎에 인간이 빨려들어 갈 것 같은데 어찌 벌과 나비가 이들의 유혹을 견딜 것인가.

식물이든 사람이든 화려함은 화려함 대로 점수를 따나 보다. 구경꾼이 점점 몰려든다. 색색의 꽃밭은 유채와 안개꽃과 개양귀비를 두둑별로 따로 심어 더욱 화사하다. 뜻밖의 즐거움이 나를 한동안 머물게 한다.

사람을 설레게 하는 것들은 모두 입구다. 옷장을 들어가면 온갖 요정이 나오고, 인간 세상에서 못 보던 마술이 펼쳐지고 희한한 과자가 나와 아이를 붙들어 놓는다. 아이는 또 다음 날 그곳에 들어가고 싶어 한다. 다양한 볼거리와 즐길 거리가 있다면 여기야말로 어른들의 별천지 아닐까.

걷고 싶은 길은 입구가 많다는 것, 입구는 일상을 동화스럽게, 소설스럽게, 음악적으로, 미술적으로 끌어들이는 장치다. 길을 가다가 당신도 이름에 끌리든 지형에 끌리든 역사에 끌리든 어딘가에 끌린다면 당신은 그곳을 걷고 싶다는 뜻이다.

지금 북천! 하고 말해 봐. 눈발은 이미 날리고 있을 것이고 시간과 공간은 아무런 의미가 없을지도 모른다.

# 사려니 숲 가는 길

출구다! 하는 짧은 환호가 입술을 빠져나온다. 숲으로 가렸던 하늘이 넓어지며 키 큰 삼나무 사이로 화장실과 벤치가 보인다. 내가 그 유명한 사려니 숲 길을 완주하다니, 돌아갈 일만 남았구나, 뿌듯하다.

사려니 숲은 한라산 둘레길 7구간으로 비자림로의 봉개동 구간에서 제주시 조천읍 교래리의 물찻오름을 지나 서귀포시 남원읍 한남리의 사려니 오름까지 이어지는 숲길이다. 처음 자리로 돌아오려면 최소 8시간은 걸린다. 그것도 모르고 두 시간을 걷고 뿌듯하고 느긋했던 것이다.

둘레의 표정을 살핀다. 어쩐지 수상하다. 배낭을 멘 사람들의 모습이 긴장한 듯 안내 지도를 들여다본다. 아니나 다를까, 바로 앞에 '사려니 숲길 입구'란 이정표가 떡 버티고 섰다. 맥이 풀린다.

모처럼 풍경에 젖고 역사의 그늘을 더듬으며 깊어졌다가 숲길을 빠져나오는데 이제부터가 진짜 사려니 숲길이란 한 방향으로만 나 있다고 생각한 게 문제였다. 일자로 된 짧은 코스인 줄로만 알았더니 사려놓은 국숫발 펼친 듯 긴 길이다.

비자림로와 붉은오름의 입·출구가 보이고 물찻오름과 성판악은 갔던 길로 되돌아 나와야 한다. 총길이가 15km로 아직 통행이 안 되는 길도 있어 다 가보려면 몇 번이고 와야 하는 오묘한 곳이다.

개통되면 두고두고 가야 할 길이다. 인생에 또 다른 출발점이 생긴다면 얼마나 행운이겠냐 마는 오후의 일이 기다리는 사람에겐 아무리 아름다운 절경이 있다 해도 그림 속 떡이다. 아쉽지만 2.5km지점에서 발길을 돌린다. 프롤로그에 얼비친 사려니 모습에 만족한다.

사려니 숲길은 치유와 명상의 길로 유명하다. 손자를 어린이집에 데려다주고 남는 시간을 오름 투어로 몇 날을 보냈다. 사려니에 와서 비로소 제주의 정중동靜中動을 느낀다. 오름들은 바톤을 받으며 섬 둘레를 릴레이 하듯 감싸고 돈다. 바다는 또한 섬을 두르니 제주도는 산과 바다와 섬이 서로 껴안고 돌아가는 형상이다. 그 모습은 하나의 오롯한 마침표요 고요다.

오름은 낮은듯하나 깊다. 4·3 사건 같은 무거운 상처들을 안고 울음을 삼킨다. 역사의 전환점에서 절통한 흐느낌을 바다로 보내면 그 힘은 다시 역동성을 띠며 고요와 평화가 된다.

우리나라 산은 거대하고 위협적이지 않아 얼마나 좋은가, 중국 천문산을 갔는데 케이블카를 타야 했고 귀곡잔도, 천문산사, 천문동, 99회 굽잇길 같은 인위적으로 낸 길 따라만 가야하고 그 외에는 산이 너무나 험악해 관조만 해야 했었다. 망원경으로 보고만 가는 것이 아니라 들어가서 얘기를 나눌 수 있고 다정다감하면서도 깊다. 특히 제주도 산은 그러하다.

숲으로 가는 이유는 자주 가슴을 넓히는 데 있다. 얼마나 많이 가고, 끝까지 가느냐의 문제가 아니다. 어느 산에 몇 번이나 올랐다고 자랑하면서 남이 말하면 잘라버리거나 혼자 잘난 척 떠드는 사람은 여기 사려니에 와 보아야 한다. 조금 못마땅해도 기다려주고 배려하는 아량을 배워야 한다.

눈앞에 새로운 길을 두고 돌아서는 기분은 살아온 나의 여정을 보여주는 것 같다. 사십 대에 시를 쓰겠다고 나부대다 시집 한 권 남기고 다른 길을 들었던 것, 문인화의 농담濃淡에 취해 있지만 끝까지 가야 하나 망설이는 것, 취미 하나 더 배울까 하다가 욕심이다 싶어 그만둔 것, 모두가 눈앞에 두고 들어서지 못하는 저 길과 같다. 빈약한 내 삶의 숲이 자꾸 눈에 밟힌다.

되돌아가는 길은 역광으로 더욱 투명하다. 잎맥까지 드러난다. 육지가 유화라면 제주는 수채화다. 선홍의 물이 주르르 흘러내릴 듯하다. 단풍 비 내린다. 어리버리한 부부를 구경하며 사리듯 단풍은 조근조근 내린다. 비록 본 길로 들어서지는 못했지만, 같은 길로 돌아가는 이 숲도 사려니의 일부인 것이다.

전부는 일부의 모둠이다. 어쩌면 부분 부분이 모여 전부 아닌가. 인생의 한 부분이 생각대로 안 되었대도 그것도 인생의 한 숲으로 아름다울 수 있다.

앞사람이 밟았을 나뭇잎에 지그시 발자국을 포갠다. 길은 나뭇잎 바스라지는 소리로 발자국을 흡수하며 푹신해졌겠다. 사려 깊은 것은 낙엽만이 아니라 바람도 한몫했다. 바람과 낙엽은 가시버시였을까, 서로에게 서서히 물들었던 느린 음성을 뿌린다. 그 낮은 음성에 빨려 들어 우리도 말 수가 줄어든다.

처음 숲길로 발을 들여놓았을 때 같은 방향으로 놓인 야자수 매트의 오솔길은 다정했다. 두 매트는 좁아졌다가 넓어지며 따라오는 숲 모데기를 끼고는 가운데에 서가를 두고 책을 찾는 기분이었다. 숲의 서가에 흐르는 말씀도 듣는다. '일찍이 이 길을 걸었다면 서로의 일에 관여치 않고 집착하지 않았으리. 이리가자, 저리 가자 우기지도 않았으리.' 길은 가다가 심심한지 중간에 정류장이 되어 갈라졌던 우리를 다시 만나게도 했다.

둘이 왔다가 말없이 간다. 말 없음의 말을 품은 숲, 너무 가파르지도 않고 지루하지도 않은 길, 조금은 숨차게 조금은 느리게 걷는다. 처음부터 긴 길이라 알았으면 좀 더 걷겠다고 조급했으리라. 끝없는 미완이기에 소중한 숲길, 가지 못한 입구는 설렌다. 사려니 숲, 그 하얀 길을 오래 떠올리겠다.

# 여수 돌게

한 달에 두 번이나 여수로 가다니. 거기다 점심으로 두 번 다 돌게 정식을 먹다니. 돌게? '하게'라는 사위체 문장도 아니요, 정신을 놓게 한다는 말도 아니며, 것이의 준말도 아니다. 크기가 작고 돌처럼 단단한 게 이름이다. 정식명칭은 민꽃게라 하는데 돌게라는 별칭이 더 마음에 든다. 꽃게와 모양은 같으나 좌우의 날카로운 가시가 없어 밋밋하다고 민꽃게다. 민 씨 성을 얻은 갑각류, 자주 먹다간 민 씨들에게 혼나지는 않을지.

뻘떡 게라는 별칭도 있다. 뻘 속에서 용감무쌍 벌떡, 성질머리가 더러워서 벌떡, 먹다가 기차게 맛있어 뻘떡.

돌게가 잡히지 않자 인심이 박해져서인지, 박하지란 사람이 잡아서 그리 불렀는지 모를 박하지를 비롯하여 일어서서 춤추는 듯해서 무당게로도 불린다.

옆딱걸음[1] 치며 세를 불리는 특성이 있다. 늘 엉뚱한 짓 한다고 괴쫄이[2]로 불리는 나도 언젠가 뜰 날이 있으려나.

단체에서 바다로 여행을 갈 땐 먹을거리로 정한 것이 무엇인지 알아봐야 하는데 점심에 대한 기대가 덜할까 봐 알아보지 않고 나선 게 실수였다.

겉옷으로 흰색을 입었는데 식탁 위의 양념게장이 벌겋게 날 위협한다. 조심스레 하나를 가져와 앞니로 무는데 아뿔싸 아예 내 이빨을 부러뜨리려 한다. 꽃게를 먹을 땐 이러지 않았는데, 내 신체 부위 최고의 위신이 무너지려는 순간이다. 몸 구석구석이 애를 먹이는데 이빨만은 아직 튼튼하니 1순위 아닌가. 문학 기행이 아닌 치과 기행을 할뻔했다.

급기야 집게발 가위가 식탁으로 거행하신다. 건축용 공구까지 써가며 밥을 먹어야 하는 게 조금 서글프다. 이미 체면은 다 깎이고 낯선 공구 질을 해 보려니 함께 앉은 사람들이 혼비백산하겠다.

지레 겁을 먹자 옆의 건장한 남성 동행인이 그놈의 게 다리를 분질러 주는데 내 속에서 비명이 터질 듯했다. 의자를 뒤로 물리며 일어서서 윗몸을 옆으로 젖힌다. 봄날을 좀 더 화사하게 보내려고 입은 옷에 붉은 고추장 물감이 튕기면 안 된다.

그 와중에 게장을 먹을 땐 고춧가루가 훈장처럼 끼어도 지극히 좋은 사람과 오든지 얼굴에 게장 물이 튀어도 미안하지 않을 지독히 얄미운 사람과 와야겠구나 하는 생각이 비틀비틀 지나간다.

---

1) 옆걸음의 진주 사투리
2) 괴짜 짓 하는 사람을 일컫는 경남 사투리

집게발 모양의 가위가 밥상 위로 올라와 친구의 딱딱한 무릎을 분지를 때 아직 그릇에 담긴 돌게는 무슨 생각을 했을까. 나는 좀 봐 주지 않을까 여기다가 자신의 무릎을 사정없이 분지를 때 내 이런 '꼬라지'를 보려고 여기까지 왔나 싶었을 것이다. 닮은 놈을 조심해야 한다는 철학도 얻었으리라.

베를 자르는 가위가 밥상 위로 올라올 때만 해도 기특하다 했는데 머지않아 기관총도 올라오지 않을까 염려스럽다.

우리가 앉은 탁자의 이 미묘한 씨름과는 달리 함께 오신 분들은 아무 소리 안 한다. 모랫바닥을 기어가는 게들의 발자국 소리인 듯, 밀려가는 썰물 소리인 듯 부산하면서도 잠잠한 공양은 수도자의 수행 장면이다.

음식을 다 먹은 밥상은 처참하다. 다리를 완전 분쇄한 것에서 양념만 핥아 먹히고 내던진 것들, 수북이 쌓여서 구시렁거린다. '내 이러려고 여러 이름을 얻었나! 살아있는 친구들이 본다면 게거품을 물고 나동그라지겠다.

돌게는 참게의 대신이다. 예전엔 참게로 간장 게장을 담갔다. 간장을 끓여 부었다가 한 이틀 지나 그 물을 다시 다려서 붓기를 서너 번 하여 한 달 정도 두면 제법 맛이 좋다. 저장식품으로 그만이다.

참게잡이가 성하지 못하니 돌게 쪽으로 눈이 간 것이렸다. 돌게도 이제 잡히지 않아 들여온 것을 쓴다나. 앞으로는 이 자리를 어떤 게가 차지할지 여수의 고민은 깊어지겠다.

요즘 나는 산을 오를 때 게걸음으로 걷기를 즐겨 한다. 한 달에 두 번이나 다리를 분지르며 여수 돌게를 먹어서 게의 혼이 달라붙었을까, 옆걸음을 치며 산을 오른다. 수직으로 오르는 것보다 수월하다.

높은 산으로 오르는 철도를 지그재그식으로 한 이유를 알겠다. 게다리가 안쪽으로만 굽어 옆으로 간다지만 어쩌면 에너지를 적게 소비하려는 지혜가 아닐는지.

물에선 헤엄쳐서 앞으로 잘 나가는 것을 보면 '뭍에선 옆으로 물에선 앞으로' 수륙양면 기능을 발달시켰는지 모르겠다. 옆으로 한 발짝 비켜서니 숨이 덜 차다. 보이는 넓이도 넓어진다. 게로부터 여유로움 하나는 배운 듯하다. 음식은 마음을 만든다. 한 번 더 여수 돌게를 먹으면 어떤 깨달음이 올까.

# 황계폭포 가는 길

 물을 만나는 꿈을 자주 꾼다. 홍수를 만나거나 바닷물이나 강물이 차올라 산길을 돌아 나오려고 끙끙거리다 잠을 깬다. 도대체 물은 왜 나의 꿈속을 들여다보는지. 이러한 의문은 나를 폭포나 호수나 바닷가로 떠나게 만든다. 어느 방송의 빌미가 내 여행목록에 황계폭포를 넣었다.
 황계폭포는 합천 대병면에 있다. 가회 지나 대병이 가까워지니 산은 겹겹이요 길은 꼬불꼬불이다. 내비게이션은 흡사 뱀 한 마리가 탈출하려고 요동을 치는 듯하다. 산골에서 나고 자랐지만 골짝, 골짝 이런 골짝은 처음이다.
 그예 비탈의 낮은 곳이나 덜 후미진 곳을 사람의 발로 길을 낸 것이 경운기 길이 되고 일 차선이 되고 이 차선이 되며 넓어졌을 것이다. 길도 물과 같아 낮은 곳으로 향하다가 장애물을 만나면 휘돌아 가고 급기야는 인위적인 힘을 발휘하여 뚫거나 뛰어넘으며 넓어지고 재빨라졌으리라.

양리3이란 곳에서 지방도 1026번을 따라가는데 낮았다 높았다 거듭하다가 드디어 함양 울산 간 고속도로 공사지점을 지난다. 흙과 자갈이 뒤섞인 울퉁불퉁한 길에서 분진을 둘러쓰며 자동차는 뱀처럼 나아간다. 드디어 황계폭포 이정표가 보인다.

꼬불거리던 길이 숙여지며 평지가 나오고 태양은 본래 이곳에만 있은 듯 곱디고운 노란 빛이다. 들녘엔 사람 하나 없고 하늘엔 몇 점 뭉게구름, 모든 평화가 퍼질러있는 듯 고요하다. 고향 떠난 이래 이런 고요와 평화도 처음이다. 고향을 떠났다 함은 물리적 떠남이 아니라 어린 시절을 벗어난 화학적 떠남을 이름이다.

구불거리며 온 피로는 마지막 황계폭포 이정표 뒤로 숨어서 인증샷을 찍는다. 길바닥은 황토색과 노란색으로 얇은 돌을 깐 무늬를 넣어 어느 집 정원으로 들어서듯 다정하고 정갈하다. 가지런히 내리는 가을 햇살은 익어가는 벼와 참으로 잘 어울린다.

폭포로 가는 길은 가로세로 1m 남짓한 판석을 일정한 거리마다 박아 글귀를 써 놓았다. 첫 문장이 태을진군太乙眞君, 명당포정明堂布政, 그 아래 "내 마음의 진짜 주인인 태을진군이 명당明堂에서 세상을 다스린다"라고 한글 설명을 써 놓았다. 태을이란 우주의 본체요, 진군은 만물의 주재자다. 내 마음의 진짜 주인은 바로 나 자신이요 그것은 바로 우주라는 것이다.

폭포가 가까워지나 보다. 수량이 깊고 넓어지는 개울에도 바닥에 자연석을 깔아 조경했다. 개울에 들어가 물 위로 드러난 돌을 딛는다.

가라앉은 마음이 들뜨며 어린애가 된다. 물은 무릇 마음을 씻어 어린 아이로 만드는 요술이 있다.

 꿈속에서 자꾸만 물을 보여 주는 것은 내 마음의 때를 씻으라는 계시인지도 모르겠다. 어떤 이는 꿈 그것 다 개꿈이라 믿지 말라지만 분명 내 의식의 어떤 흐름을 반영한다는 생각으로 징검돌 두드리듯 조심하며 하루를 지나기도 한다. 어쩌면 하루하루가 거센 물살을 거스르며 나아가는 물고기의 일상과 다름없으리라. 부딪히고 솟구치며 앞으로 나아가는 것이리라.

 폭포 못 미쳐 자연정紫煙亭이란 정각이 있는데 이 정자는 황계천에서 연기가 피어오를 때마다 용소에서 용이 나와 황계마을에 많은 피해를 주므로 김녕김씨 문중에서 1,810년에 정자를 지어 제를 지냈다고 한다. 자연정이란 말은 이태백의 망노산폭포望盧山瀑布의 제1구인 일조향로생자연日照香爐生紫煙에서 나온다고 한다.

 비로소 황계폭포가 눈앞에 펼쳐진다. 폭포가 쏟아지는 바위 옆 나무계단을 오른다. 본래 3단 폭포인데 오늘은 1단이다. 물줄기도 가느다랗다. 가뭄 때문이다. 그럼에도 물줄기는 세찬 기운이 느껴진다. 본래 상당한 수량의 폭포임에 틀림이 없다. 하지만 내 마음에 그렸던 무한 수량이 아니라 아쉽다. 우렁찬 함성의 물소리로 잘 들리지 않는 귀를 좀 뚫을까 했는데 말이다.

 폭포는 내면을 보여 주는 지조처럼 끊임없이 흐르지만 물에 잠겨야 할 너럭바위가 드러나 메말랐다. 고고한 선비의 메마른 입술에 말라붙은 침처럼 뿌연 수막이 생겨 유명세를 민망하게 했다. 풍요와 우아함과 후덕함이 사라진 대갓집의 쪼달리고 초라하고 인색한 모습을 보는 듯해 애처롭다.

　물의 양이 많을 때 어떤 소리꾼이 다녀갔을까, 조그만 면경이 바위에 놓여 있다. 아무렴 여기선 면경이 좋겠다. 거울보다는 면경이어야 폭포와 어울리겠다. 유리를 둘러싼 재료는 고목은 아니지만 나무테를 둘러 좌식 규방용 면경의 격식을 갖추었다.

　면경 안 폭포 줄기는 쓸쓸하고 경이롭다. 소리를 하며 매무새를 손봤을까, 홀로 남겨진 면경과 폭포는 어떤 사연을 주고받을 것만 같다. 소리꾼은 아마도 폭포 소리를 자신이 머무는 곳으로 전해주길 바라며 면경을 두고 갔는지 모른다.

　폭포와 면경에 뺏긴 마음을 거두어 폭포 뒤로 올라간다. 물길과 수량의 크기를 보고 싶어서다. 깊은 골방 안에 들어가 무슨 물건이 있는지 더듬는 심정으로 나뭇가지로 지팡이를 하고 오르는데 닭똥 냄새가 훅 스친다. 그럼 그렇지, 가장자리로 밀려난 물이 더러운 녹조로 변한 것은 폭포 위편에 사람이 살아서다. 이정표에서 본 택계 마을로 가는 길이 나무 사이로 얼핏설핏 보인다. 사람의 한살이는 어쩔 수 없이 우중중 한 노폐물을 흘린다.

　폭포라고 다 깨끗한 물만은 아닐 것이다. 사람의 흔적이 닿지 않은 물도 있겠지만 수증기가 되어 하늘로 올라가기 전까지는 사람의 길을 거치게 마련이다. 수량이 풍부해 사람의 오물을 다 정화하지 못할 때도 있을 것이다. 여태 웅장하고 시원하고 아름다움만 보았지 물 성분의 아픔에 대해 생각해보지 못했다. 나의 아량이 빤히 들여다보이는 접시였다. 숲 사이로 인간의 땅, 논이 보인다. 물은 인간의 더러움을 다 싸안고 흘러 언젠가는 깨끗해질 것이다.

황계폭포를 뒤로하고 내려온다. 올라갈 때 본 길바닥 돌판에 새겨진 글귀를 슬쩍슬쩍 본다. 세 개의 관문 눈, 귀 입을 닫아거니 맑은 들판이 끝없이 펼쳐지는구나三關閉塞, 淸野無邊. 모름지기 고개를 들고 들녘을 보니 깨끗한 하늘과 들이 끝 간데없다. 돌에 새겨진 내용은 바로 마음을 다스리고 수행하는 방법을 적은 남명南冥 조식曺植 선생의 '신명사명神明舍銘'이란다.

남명이 벽에다 신명사도神明舍圖란 마음 다스리는 그림을 그려 놓고 아침, 저녁으로 바라보며 수행하는데 그 옆에 붙인 설명이 신명사명이라는 것. 마음의 중심엔 경敬을 가져야 하는데 바로 깨어 있는 의식을 뜻한다.

신명사명에 의하면 내 마음의 진짜 주인이 태을진군이다. 그럼 마음의 진짜 주인은 내부에 있는 걸까, 외부에 있는 걸까. 경이 좌우할까 의가 좌우할까. 내 생각엔 내외의 타협에 의해 의식은 결정되지 않을까 여겨진다.

내 마음의 가을은 어디서 온 걸까. 여남은 걸음 걷고 나면 또 글귀가 나타난다. 그러니 자연적으로 쉬엄쉬엄 걸을밖에. 고개를 들었다 허리를 굽혔다, 하늘 한 번 우러르고 땅 한 번 경배하는 모습이다.

이곳으로 들어오는 자는 하늘과 땅에 예의를 갖추라는 뜻일 것 같다. 바닥의 글을 읽으며 마음을 단정하고 이 산야와 하늘의 은혜를 모름지기 인식하라는 숭배의 자세를 저절로 취하게 만든다. 저절로 경배의 자세가 되는 조식의 신명사명은 바로 자연의 일이 아닐까.

현하일속사우진 (懸河一束瀉牛津)

주석번성만곡민 (走石翻成萬斛珉)

물의명조무이박 (物議明朝無已迫)

탐어수석우어인 (貪於水石又於人)

_ 조식(曺植, 1501-1572)

달아 맨듯한 물줄기 은하수처럼 쏟아지니

구르던 돌은 만섬 옥으로 변하였구나

내 욕심에 비웃음도 내일 아침이면 이내 그칠지니

물과 돌을 탐하고 나아가 또 사람을 탐하리라

하늘을 본다. 하늘과 땅, 그 사이에 사람이 있고 들녘의 벼들은 평화롭게 익어간다. 사람이란 더러움을 빚어 깨끗함을 받는구나. 골짝 골짝 돌아들어 온 여기가 바로 명당이구나. 아니다, 내 마음에 명당 자리 하나 마련해 가는구나.

빈약한 폭포라 아쉬워했지만 언젠가는 풍부한 수량으로 하늘의 은하수처럼 쏟아질 것이고 물과 돌을 탐냈지만 결국은 사람을 탐해 희망을 심는 것이 중요하구나. 마지막 탐은 어쩌면 찾을 탐探으로 읽힌다. 물이 자주 내 꿈 안으로 들어오는 것도 나를 맑혀주기 위한 하늘의 뜻이구나.

하늘이 나라는 한 인간을 탐구하려는 뜻이겠구나.

# 만복대 가는 길

정령치 오르는 내내 뱀 한 마리 차 안에서 구불거린다. 마한의 왕이 정씨 성을 가진 장군을 보내 다스리게 해서 정령치가 되었다는 것을 보면 삼한의 주요 지역이었는가 보다. 내비게이션도 올라가는 길이 힘들어 구불거리며 용을 쓰다가 쭉 늘어지기를 반복한다. 그만큼 요새며 정령들이 사는 비밀의 땅일 것 같다.

길은 구불거리다가 내달리다가 굴곡을 짓다가 용을 쓰다가 드디어 깊은 호흡을 토하며 정령치 휴게소를 내놓는다. 이 깊은 산속에 문명의 기계가 즐비하게 앉아 있다. 등산객이 붐빈다. 휴게소 벤치에서 썰렁한 요기를 하고 오후 한 시 못되어 만복대로 향한다.

북적이던 인파와 자동차들의 소리가 끊기자 바로 정적이 온몸을 감싼다. 바스락거리는 나뭇잎들이 파르르 떨고 바람도 외로운지 파르르 떤다. 정오를 조금 지났는데 구름이 끼자 어둑하다. 으스스해진다.

역시 지리산은 지리산이다. 산의 혼령들이 인간의 자만을 덮치려는 듯 얼룩덜룩한 구름 휘장을 친다. 만복대 길이 평탄하다고 하나 이내 땀이 나고 길은 가파르다.

나무들은 단풍으로 물들지 못하고 상고대로 변했다가 바로 지워져 칙칙한 갈빛이다. 도토리나 상수리나무 떡갈나무 진달래 같은 키 작은 관목이 대부분이다. 내려오는 등반객 남녀를 만났다. 마스크 쓴 우리 부부를 의식했는지 마스크를 꺼내 쓰려다 땅으로 떨어뜨린다. 잠시 호흡을 가누다가 남편은 "천천히 하세요, 마스크 쓰고 산 타려니 힘들지요?" 그런다. 평소 집 뒷산 다닐 때 누가 나타나면 저 사람 코로나 걸려 숨어서 여기 온 것 아니야? 쓰레기가 보이면 아까 그 사람이 버린 것 아니야? 의심하고 꺼림직 해 하더니 금세 마음에 사포질이 되나보다. 지리산의 장엄함에 압도되어 그럴 것이다.

조릿대 길을 지날 때다. 한 오십 년도 더 된 기억이 떠오른다. 대원사에서 천왕봉 사이에도 조릿대가 많다. 여름날 직원들 여남은 명이 자연보호 활동을 나섰는데 내가 걷는 게 영 시원찮았던지 한 남자직원이 지팡이 끝을 내주며 잡으란다. 그게 더 힘들었음에도 그땐 재미 반 두려움 반으로 지팡이 끝을 잡고 조릿대 사이를 설레발치며 따라갔다. 키를 넘는 조릿대 사이를 아슬아슬 빠져나가며 뱀이 발목을 휘감을까 콩닥이던 가슴이 그곳에 가면 남아 있을 것 같다. 그땐 아픈 데 없이 잘도 다녔는데…. 나도 모르게 쓰디쓴 미소가 지나간다.

조릿대 숲길이 제법 길다. 11월의 첫날인 오늘은 뱀이 다 들어갔으리라 생각하면서도 바닥을 세세히 살피며 마음을 졸인다. 조릿대 숲은 마음을 졸이며 지난다고 그리 불렀을까.

 올라가는 동안 점점 하늘이 흐려지고 먹구름이 어슬렁거린다. 남편도 걱정이 되는지 알람을 2시로 맞춘다. 해는 들어갔다 나갔다 하며 얼룩말 무늬다. 해도 깊은 산 숲길을 지나나 보다. 위쪽에서 고함이 들린다. 인적없는 산에서 사람 소리를 들으니 안심이 된다. 내려오는 한 등반객에게 곰이 없더냐 물었더니 재미없게도 없단다.

 올라오는 내내 엎드린 바위는 모두 반달가슴곰이다. 어미 곰 아기곰 서로 마주보며 장난하다가 사람을 보자 바로 바위가 된다. 오싹 놀라며 식은땀이 등을 타고 내린다. 그늘도 햇빛도 바위도 등걸도 모두 곰으로 보인다.

 1시간쯤 올랐을까, 드디어 알람이 운다. 앞을 보니 만복대가 눈앞이다. 저래 보여도 멀 것이야, 포기할 땐 과감히 포기해야지, 아니야 언제 또 오겠노. 끝까지 가야지. 마음과 마음이 대치하면서도 발은 앞으로 나아간다. 가보니 금방이다.

 만복대 표지석 못 미쳐 저절로 목멘 소리가 터진다. "내가 만복대에 왔다!" "모든 사람들이여 복 있으라! 카메라를 여는데 하늘에 흰곰이 나타난다. 정령치에서 올라올 때 으스스 추우면서도 화끈하게 땀이 났던 건 곰 때문이다. 곰이 따라온 것인가, 우릴 인도한 것인가, 원 없이 곰을 만났다.

 지난 금요일엔 이웃의 한 부부와 뱀사골을 다녀 왔다. 그땐 단풍이 덜 들어 크게 감흥을 못 느꼈다. 사흘 뒤는 엄청난 차이가 난다. 아침

나절 올라갈 땐 그저 그러네, 사흘 만에 뭐가 달라졌겠어 했는데 내려올 땐 완전 장관이다. 역광에 비친 총천연색의 휘황함에 넋이 빠진다.

가을 햇살, 더욱이 넘어가는 해는 단풍에서 다시 솟는지 모른다. 세상의 화백들이 총동원된 듯했다. 대형 그림들이 달궁계곡과 정령치 내리는 길을 완전 도배를 했다. 달궁계곡에 흐르는 물빛엔 바위 하나하나에 달빛이 잠긴 흔적이 테를 두르고 있다. 마치 아름다운 고리를 두른 토성이 물속에 잠겼다 하늘로 솟지 못한 것 아닌가 싶다. 산으로 올라간 정령들의 신발 테두리일지도 모른다. 바위의 물테는 수석이다. 흐르는 물들이 잠시 쉬었다 가는 물의 의자다.

빛과 물이 숲을 물들이며 지리산은 절정으로 치닫는다. 오케스트라의 연주요 스스로 몰입이다. 웬만해선 감탄을 내지 않던 내 입에서 아이고, 아이고 소리를 거듭하며 호흡이 가빠졌다. 이 기분 좋은 가쁜 호흡을 언제 내쉬어 봤나 싶다.

이 가을 정령치 아래는 붉고 노란 회화의 미술관이요 정령치 위로는 회색빛 조각관이다. 단풍의 물결이 파노라마 치는 지리산은 커다란 종합 예술관이다. 달궁계곡을 빠져나온다. 자연을 수혈 받은 기분이다.

# 7부
## 찹쌀떡과 도서관

개천예술제의 강물

아, 소나무

백정, 누가 만드나

망건 - 남강길

찹쌀떡과 도서관

# 개천예술제의 강물

　태풍으로 개천예술제를 제대로 치루지 못한다는 소식이 들렸다. 남강으로 나갔다. 망경동 대숲에 설치된 세상의 모든 귀신 구경을 하며 어깨춤 추는 강물을 멍하니 바라보았다. 부스까지 물이 들어차 상인들은 울상이고 운영진들은 유등을 띄웠다 걷었다 애를 태웠다. 소망등 터널 둔치까지 강물이 올라와 할딱이는 걸 보니 입이 탄다. 이를 어째. 물 한 모금 마시고 다시 걷는데 내 귓바퀴를 울리는 소리가 들린다.


　개천예술제는 사람만의 축제가 아니니라. 천지가 함께하는 어울림이니라. 어디서 무엇을 하든 시월에는 진주에 이를 것이니, 제전 위원들이여 시민들이여 구경꾼이여 발을 동동거리지 말지어다. 아무렴 하늘도 바람도 비도 직접 강림하시어 개천예술제가 보고 싶었겠지. 저 황룡의 춤, 저 강물을 보라 너울너울.

개천예술제의 주민번호 앞자리는 491122다. 지리산 아랫마을의 셈법으로 치면 내 나이와 10년 안쪽이니 나와 같은 세대라 더욱 애착이 간다. 72년도 여고 입학을 하면서 드디어 개천예술제를 만난다. 음악 선생님께서 "개천에 술제 났네. 모두 마음은 수업보다 술제에 있지, 수업 5분 일찍 마칠까?" 하고 우스갯소리를 했다.

시민들은 예술제 구경 후 술판을 끝으로 하루를 마무리했다. 볼거리가 없던 시절에 가을걷이를 끝낸 인근 농민들은 무슨 굿판을 보듯 설레며 완행버스에 몸을 싣고 진주로 몰려들었다. 전야제의 유등, 뒷날의 개막식과 가장행렬이 끝난 뒤풀이, 한 잔 술은 축제의 느낌표였다.

진주 시민은 물론이고 인근 지역은 물론 전국각지에서 몰려들었던 예술인, 장사꾼, 구경꾼들이 열광하고 가슴 졸이고 빠져든 것은 행사의 설렘과 들뜸만은 아닐 것이다. 우리 겨레의 DNA에 내재한 시월의 하늘 굿과 노래와 춤이 광복을 맞아 제천의식으로 되살아났을 것이요, 이를 처음으로 펼친 진주로 발길이 향하였으리라. 어쩔 수 없는 물길이다. 예술의 시원始原이다.

예술제는 가슴 벅찬 일이다. 진주여고 강당에서 음악경연을 기웃거리며 보았고 부족한 용돈으로 다리목 아래 서커스를 본 기억도 있다.

무엇보다도 직접 유등을 만들어 저녁 답에 남강에 띄우러 나가는 일은 전율이 일었다. 왜군이 못 건너오게 방해하던 등불을 띄우니 임진, 계사년으로 돌아간 듯한 느낌인 것이다. 등을 예쁘게 못 만들어 속상했지만, 여럿에 섞이니 누구 것인지 몰라 아무렇지 않았다. 뿌듯함과 동시에 섞임의 편안함을 알았다.

  가장행렬은 개천예술제의 백미다. 서로 좋은 자리에서 보려고 미리 와서 죽치고 앉는 일은 다반사였다. 이리 밀리고 저리 밀리는 중앙 로터리 가에서 여학생 몇몇 까치발로 고개를 디밀고 가장행렬을 보았을 것이다. 진주대첩을 재현하여 김시민 장군과 의병들의 활약을 보여주고 일상의 부조리 같은 것, 가정의례 퇴폐성, 산아 제한 같은 것을 보았던 것 같다. 좀 높은 건물로 올라가거나 제일 잘 보이는 곳에 서려고 애쓰는 사람들도 있었다. 이 모두가 예술제의 물결이 아닐 수 없었다.

  우리 학교 학생이 논개로 뽑혀 남여籃輿 높이 앉아 손을 흔들고 옆의 시녀들이 차양을 받치고 가는데 어깨가 으쓱했다. 아무렴 최고로 대접해야지. 논개가 누구인가, 왜장을 끌어안고 죽은 의기 아닌가. 자랑스러웠다. 한편 나는 조금 새치름했지 싶다. 임진왜란도 일제 치하도 6.25도 다 지나가 나라를 위해 목숨 바칠 일이 내게 없을 것 같아 그게 걱정이었다.

  "이에미 제삿날이 다가오는 갑다. 비가 억수로 온다", "비도 오지 않는데 솔섬에 붉덩물이 섞여 온다, 무신 일이꼬?" 하는 어른들의 말이 귓전에 맴돈다. 남강의 중류인 지리산 줄기 덕천강에 소나무 삼각지가 있는데 솔섬이라 했다. 논개 기일 즈음에 일어나는 신비스러운 현상을 들먹이며 어른들은 억양의 온도로 논개의 충혼탑을 쌓았지 싶다. 그땐 '이에미'가 누구의 어미라 여겼는데 알고 보니 논개가 죽을 때 올라섰던 바위 '의암'을 두고 그리 발음했던 것 아닌가.

어쩌면 에미가 맞는지 모른다. 논개는 나라와 백성을 살리기 위해 목숨을 바친 영원한 어머니 아닌가.

밤에 강변에 나가 진주교를 바라보면 불빛을 넣은 교각이 물에 비치어 아주 아름답다. 교각 사이 아치 반원이 물에 어려 원형을 이룬다. 반대편 원과 쌍가락지가 된다. 논개가 왜장을 끌고 들어갈 때 열 손가락에 낀 쌍가락지를 형상화했다. 가락지 사이로 물이 흐르고 역사가 흐른다.

초기부터 했던 개천예술제 행사를 전부 모아 영상으로 만든다면 얼마나 긴 강이 될지, 얼마나 많은 강물이 될지, 상상이 되기도 하고 상상 밖이기도 하다.

어느 해던가. 내 문학의 벌레 먹은 꽃잎 하나 조심스레 강물에 띄워 본다. 참가자들이 합숙해야 백일장에 나가는 자격이 된다고 했다. 부담감을 안고 부교를 건네는데 마침 불꽃놀이가 시작됐다. 내 깊은 골짜기에서 산도화 송이 버는 느낌이 왔다. 달거리가 시작된 것이다. 꽃잎이 강물에 떨어질까 조심스러웠다. 합숙은 못 하고 뒷날 백일장 원고는 예술회관 앞 어느 찻집에서 쓴 것 같다. 옆 사람이 거둬 간 것 같기도 하고 배앓이가 심해 포기한 것 같기도 하다. 예술제의 축포는 내 안의 한 송이 꽃잎 버는 소리와 겹친다. 생명의 고고呱呱함이다.

도도한 홍수의 물결을 보며 음악 분수대에서 손자를 호랑이에 태워 사진을 찍어 준다. 유모차에 태워서 분수대 둘레를 도는데 음악과 함께 분수가 치솟자 아이도 신이 나는지 손뼉을 친다.

직장생활하는 동안 예술제 구경을 제대로 못했다. 집에 돌아오면 이미 주요 행사는 끝나고 강변은 장사꾼과 사람의 물결뿐 예술은 없었다. 예술은 어디 있나요? 두리번거리며 사람들의 꽁무니만 보고 다니다가 피곤을 끌고 돌아가야 했다. 되풀이되는 똑같은 풍경은 나와 무관했는데 이제 손자가 생겼다. 분수가 춤을 추고 아이가 탄성을 지른다. 물방울이 얼굴을 스친다. 사람이 출렁인다. 사람이 사람으로 이어진다. 역사의 강물이 이어진다.

앞 팀이 뒤 팀을 뒤 팀이 앞 팀의 공연을 못 본다. 문학은 음악을 못 본다. 강 이쪽에선 강 건너의 어울림을 못 본다. 축제의 구석구석을 다 알지는 못한다. 내가 못 보는 장면을 누군가 볼 것이다. 못 본 부분을 가져와 짜 맞추면 모자이크가 될 것이요 수직으로 포개면 고고학이 될 것이다.

개천예술제는 강물의 건축이다. 수평과 수직의 긴 강이다. 기둥과 창문은 온갖 다채로운 형상을 품는 물방울이다. 앞서가는 강물은 뒤에 오는 강물을 못 보지만 이어지며 흐른다. 하늘은 물줄기를 땅으로 보내고 진주인은 춤과 노래로 하늘에 보답한다. 우주의 가로와 세로가 만나는 곳에 개천 예술제가 있다.

태풍으로 제대로 행사를 치르지 못하지만 진주인의 가슴엔 개천의 행사가 진행되는 것이다. 논개의 정신을 되살리려는 태풍이요 홍수다.

 이에미 제삿날이면 붉은 물이 흘렀다. 왜장을 끌어안고 빠질 때의 그 붉은 물은 이에미의 더 붉은 정신에 화들짝 깨어났을 것이다. 그리하여 그 맑은 정신은 진주 정신으로 유구히 흐르는 것이다. 붉은 물 뒤에 오는 푸른 정신으로 다시 이어갈 것이다.

# 아, 소나무

충주 월악산을 갔다. 소나무 둥치에 여러 겹의 V자 칼금이 그어졌다. 자객의 칼자국 같았다. 보기에 좀 우람한 나무는 다 당했다. 올라오면서 본 가마솥이 수상해 되돌아가서 설명을 읽었다. 일본 강점기에 송진을 채취해 기름을 빼내던 곳이었다. 아뿔싸!

들머리의 자연관찰원을 지나니 가마솥을 걸었던 흔적이 있었다. 예사로 여기고 지나쳤는데 몇 발자국 못 가 산기슭이 자꾸 눈에 거슬리고 불편하다.

일본은 태평양전쟁 때 군용기 기름에 쓴다고 송진 채취를 했다. 당시 조선은 소나무 보호를 위해 금산禁山을 지정했는데 이런 산마저 소나무를 베어가고 심지어 어린 학생들에게까지 할당량을 내려 관솔을 수집했단다. 군용에 쓴다고는 하지만 사실상 민족 정서를 말살시키려는 잔악한 짓이었다. 혹독한 상처를 받고도 꿋꿋이 살아준 나무들에 요즘 말로 '지못미'라는 말이 저절로 나왔다.

솔기름을 빼면 자연히 솔잎혹파리 같은 병충해가 번져 죽게 됨을 노린 것이다. 왕의 널을 짜는 나무는 금강송같이 곧고 이음을 줄이는 재목을 썼다는데 질 좋은 나무는 다 베어 갔다. 거기다 조선의 소나무는 곧지 않아 쓸모가 없다는 말까지 퍼트린 것이다. 배 밑바닥은 반드시 소나무로 해야 썩지 않는단다. 죽어 천년 살아 천년이란 말도 솔기름 때문에 그 생명이 오래간다.

소나무는 늘 푸른빛이라 지루하다 여길지 모르지만 갖가지 오묘한 형상으로 보는 이의 마음을 사로잡는다. 땅으로 기다가 하늘을 밀어 올리고, 내렸다 솟구치는 춤사위와 악보의 물결이 있다. 물안개를 만나면 그대로 수채화가 된다.

봄에는 솔 가루의 아련한 그리움을 자아내고 여름에는 검푸른 덩어리의 시원함을 준다. 가을은 노르스름한 솔가리가 생기며 귀밑머리 변해가던 아버지를 닮았다. 가을 무지개는 여기서 솟는지도 모를 일이다. 겨울 소나무는 쌀가루 골고루 버무려 수북이 쌓아 놓은 쑥버무리 같다. 종일 바라만 보아도 흐뭇하고 배가 부르다.

길을 가다 팡파짐한 솔숲을 만나면 믿음직하기도 하고 짠하기도 하다. 먼 타향을 떠돌던 젊은이가 선뜻 집으로 들지 못하고 움츠러들었는데 그 아비가 뒷짐 지고 어슬렁거리며 나섰다가 아들의 뒷모습을 보고 살며시 다가가 어깨를 감싸 줄 것만 같다.

한낮에 이런 솔숲을 지나면 마음이 고요해진다. 솔잎은 강직하면서도 불어오는 바람을 체로 쳐서 내리듯 부드럽다. 솔바람이란 이름은 있어도 참나무나 단풍바람이란 말은 없다.

  내가 소나무를 특별히 좋아하는 것은 나무의 길잡이란 것이다. 잎 넓은 나무가 빈 가지로 겨울잠에 들다가 봄이 되어 어떤 색으로 잎을 틔워야 할지 모를 때 '푸른 잎' 하고 알아차림을 보여주는 나침반이다. 아, 저런 색이었지, 저렇게 잎을 달았지 하고 너도나도 푸른 잎을 달고 봄의 색을 만들어 가는 것이다.

  흩날리던 눈도 어디 앉을지 몰라 허둥댈 때 소나무 푸른 잎 정류장이 있어 멋들어진 춤을 추며 평온하게 내려앉으리. 눈이 내릴 때 솔잎 직선의 모듬은 가물거림의 잔상이다. 그것은 인간의 근원적 그리움의 이미지다.

  호랑이가 늠름하게 허리를 쭉 펼 수 있음도 눈 쌓인 소나무 가지의 낭창함이 백호의 몸을 가려주는 덕분 아닐까. 바위에 지팡이를 짚고 서 있는 백발노인의 두루마기 자락 끝에 닿을락 말락 한 솔잎은 산수화의 멋을 한층 더한다. 소나무-호랑이-바위-백발노인은 처음부터 우리 핏속을 흐르는 유전인자다.

  문지방 위 금줄에 걸리던 솔가지, 송편 아래 깔던 솔잎, 아랫목을 데우기 위해 꺾어 넣던 생솔가지, 소나무는 우리 삶의 근원이다. 둥지의 뼈대인 서까래나 대들보가 되고, 내세로 가는 칠성판이 되었다. 무덤 둘레에 어린아이들 파릇파릇 뛰노는 모습을 그윽이 내려다보던 노송은 이승과 저승의 사다리요 삶의 도래솔이다.

  소나무는 해가 갈수록 잎은 더 푸르고 몸은 더 붉어져 바라보기만 해도 건강해지며 사악한 기운을 물리치고 신성함을 주기에 나무의 어른으로 대접받는지도 모른다.

　불땀으로 다시 태어나는 나무. 1,200℃의 고열에 굽히면서 불티가 나지 않고 재가 남지 않아 백자 항아리 산고엔 필수다. 옹이에 엉킨 송진은 관솔이 되어 밤을 지키고 적의 침입을 알리는 도구였다. 불의에 항거하는 농민전쟁의 횃불이었으며 독립운동의 도화선이었다. 촛불 정신으로까지 내려온 크나큰 물줄기다. 일본은 이런 우리의 지대한 정신을 짓밟으려 했음이 분명하다.

　이제라도 소나무를 잘 지켜야 할 텐데 요즘은 재선충이란 낯선 병에 시달리고 있다. 거기다 잎 넓은 나무가 많아 그늘이 생겨 소나무 자람을 방해한다. 떨어진 솔 씨가 싹을 틔우기엔 썩은 나뭇잎이 없는 맨땅이 좋다 하니 땔감으로 낙엽을 싹싹 긁어가던 시절도 나쁜 점만 있었던 건 아닌가 보다.

　산 중허리를 넘어서고부터 소나무의 본 모습이 드러났다. 구불구불 용트림하는 나무, 너울너울 춤추는 나무, 엄청나게 가지를 많이 쳐서 다복솔로 우뚝 선 나무가 산을 오르는 사람의 발목을 잡았다.

　모진 수난을 당하고도 아주 번창한 걸 보면 월악산은 소나무가 자라기 좋은 땅인 모양이다. 소나무는 메마르고 거친 땅에 잘 자란다. 햇빛이 잘 들고 물 빠짐만 좋으면 자갈이나 바위를 껴안고도 잘 살아가는 성질을 가졌다. 끈질긴 우리 민족성과 닮았다. 단풍이 아름다운 것도 늘 푸른 소나무의 바탕색이 있음을 잊어선 안 되겠다.

## 백정, 누가 만드나

오늘 아침 어느 홈쇼핑 회사에서 전화가 왔다. 질병에 관한 보험 얘기를 다다닥 읊조린다. 무슨 말인지도 못 알아듣겠다. 거두절미하고 보험 하라는 거죠? 내 말은 듣지도 않고 상대방 여자는 혼자 읊어댄다. 화가 난다. 나는 바로 전화를 끊어버린다. 무언의 갑질을 하니 통쾌하다. 지금 바빠서 열이 오르는데 내 시간을 맘대로 뺐다니. 저들이 바로 고객을 향한 갑질 아냐? 저들은 말하리라. 너무 한다고 들어주지 않는다고. 서로 상대를 향하여 갑질을 한다며 보이지 않는 손가락질을 한다.

그냥 전화만 받아 줄 걸. 끊긴 송화기를 든 콜센터 여자는 얼마나 허망했을까. 이 한 건으로 수당이 오를 텐데. 아기 우윳값을 벌고 있는지도 모르는데. 눈물이 핑 돌았을지 모른다. 나도 모르게 한 무언의 갑질, 내 마음에 깊이 든 갑질의 인자가 슬프다.

저울처럼 평등한 세상을 바라는 백정 해방운동이 일어난 지 100년이다. 백정은 양인이나 양반계급에 대비되는 가장 낮고 천한 집단이었다. 권력자의 재산으로 취급된 노비보다 못한 짐승의 처지였다. 노비는 속량하면 양인이 될 수 있지만 백정은 그 굴레를 영원히 벗지 못했다. 패랭이를 끈이 아닌 새끼줄로 묶은 남편, 둘둘 말아 올린 얹은머리에 먹색 끝동 저고리를 입은 아내, 이들이 낳은 자식 또한 영원히 백정인 것이다. 인간이 인간에게 씌운 처절한 형벌이었다.

누가 이들을 이렇게 만들었을까. 형평운동으로 백정이란 말은 없어졌다지만 여전히 백정 못지않은 인권유린이 알게 모르게 지금도 자행되고 있음에 놀라지 않을 수 없다.

* 혐오

인간 본성에서 솟아나는 악의 심리는 누구에게나 잠재해 있다. 어떤 요인이 독버섯 같은 이 심리를 솟게 할까. 시대 상황이나 사회의 불안 요소에 의해 이런 심리는 더 잘 솟아난다고 본다. 최근 코로나로 인해 사회가 불안하고 경제가 침체되니 이를 외부에서 들어온 꼬투리를 잡아 멸시하고 천대하고 덮어씌우기를 하는 경향을 뉴스를 통해 많이 본다.

중국에서 코로나가 발생하여 팬데믹 현상이 일어나자 미국, 유럽권에서 중국뿐만 아니라 아시아인 전체를 혐오하는 현상이 일어났다.

예전부터 있던 인종차별주의가 노골화된 것이다. 길만 걸어도 두렵고 불안한 마음으로 아시아인들은 살아간다고 한다.

영국 런던 경찰은 2020년 6월~9월까지 동아시아인을 대상으로 한 혐오범죄가 222건으로 전년도 같은 기간보다 95%나 늘었단다. 파리에서는 이틀에 한 번씩 아시아인 혐오범죄가 발생했으며(경향신문 2021/03/22) 호주에서는 코로나 발생 이후 여덟 배 넘게 증가했다(한국일보 2021/4/5). 같은 해 3월에는 미국 텍사스 주 휴스톤에서 가게를 운영하는 한인 여성이 흑인 여성으로부터 폭행을 당해 우리 국민을 분노케 했다.

폭행과 구타는 살해 범죄로까지 이어졌다. 2021년 3월 조지아주 애틀란타에서 백인 남성 로버트 에런 롱이 스파와 마사지 업체에서 총기를 난사해 여덟 명이 사망했는데, 그중 여섯 명이 아시아계 여성이었고 이 중 네 명이 한인이었다.

언어폭력, 따돌림, 온라인 욕설, 기침이나 침 뱉기, 서비스 거부, 직장 내 차별을 일삼으며 이들은 "네 나라로 돌아가라"며 아시아인을 혐오한다.

인종 혐오는 궁극적으로 먹고사는 문제와 연결된다. 전염병으로 인한 경제불황이 중국인을 포함한 아시아인들에 의해 피해를 보고 있다고 생각하는 것이다. 이에 대한 불안과 초조와 공포는 희생양을 찾아 폭력을 행사함으로써 스트레스와 불안을 해소하는 것이다.

14세기 유럽에서 흑사병이 창궐했을 때 유럽 전역은 공포에 휩싸였다. 교회는 신뢰를 잃고 자신들의 무능을 덮기 위해 마녀, 동성애자,

외국인, 유대인들에게 돌렸다. 이들이 신의 분노를 일으켜 흑사병을 가져 왔다는 것이다. 사람들은 자신이 겪고 있는 불안과 고통을 쏟아 내고 증오할 대상이 필요했다. 그렇게 선택된 것이 소수집단이었다. 특히 유대인은 기독인들의 우물에 독을 풀어 병을 유포한 혐의를 받고 화형을 당하기도 했다. 많은 여성이 마녀 누명을 쓰고 화형 되었는데 배우자를 잃은 여성, 보호자가 없는 재산 몰수 가능한 여성을 낙인찍었다. 그러니까 소외된 약자를 택해 희생양으로 삼은 것이다.

\* 갑질사회

언젠가부터 우리 사회는 갑질시대 이전과 이후로 나뉜다. 일상을 따져보면 갑을의 묘한 구분이 생긴다. 부부 사이, 부모와 자식 사이, 직장의 동료 사이, 상사와 부하 사이…. 어쩌면 인간관계는 갑을의 불평등한 관계 선상에 놓여 있는지 모른다.

아내와 남편의 대화 시 아내는 언제나 높임말을 쓰고 남편은 낮춤말로 쓴다. 똑같이 높임말을 쓰는 사회가 되었다면 이혼율도 낮아졌지 싶다. 자식들 또한 늘 이 속에서 자라니 언어 습관은 대물림되었을 것은 당연한 일이다.

부모도 어리고 약한 자식을 어쩌면 놀잇감, 피조물(이런 용어는 종교의 언어로 쓰이는데 이도 부적절한 표현이다), 소유물로 생각해 자식은 부모의 뜻에 맞는 학문과 지식과 직장을 갖기를 원하고 독려한다. 뒷바라지해 줘야 할 시기에 부모 맘에 안 든다고 지원을 끊기도 하고 과잉지원을 해 자신의 노력으로 해결할 일도 부모가 나서 간섭을 한다.

직장에서도 마찬가지다. 부하와 상사 사이 언어도 서로 존대어가 필요하다. 물건을 주고받을 때도 공손한 마음을 담아야겠다. 상사라고 기분이 상한다고 휙 결재판을 던진다든지 문서를 날린다든지 싸대기를 올리고 얼차례를 시키는 야비한 폭력은 자신 안의 추하고 비겁한 짐승이다. 숨을 한 번 들이쉬고 마음을 가라앉히며 상대방의 마음을 헤아리는 노력을 했으면 좋겠다.

사회에서는 나이를 가지고 언니 동생, 형님 아우 한다. 동생이 된 쪽은 말을 높이고 형이나 언니 쪽은 말을 놓는다. 그것이 아주 가까운 사이라 착각한다. 코로나 이후 사회적 거리 두기를 강조하지만 실제 인간 사회는 본래 사회적 거리두기가 필요하다. 식물 사이도 너무 가까우면 바람이 잘 통하지 못하고 뿌리가 엉켜 건강하지 못해 죽고 만다. 사람도 마찬가지다.

칼릴 지브란은 "하늘과 바람이 너희 둘 사이에서 춤추게 하라"했다. 비록 결혼에 관한 단상이지만 모든 인간관계의 가까움에 대한 경고라 하겠다.

언어는 사람 사이를 컨트롤하는 희한한 마력이 있다. 형님 동생 하다 보면 금전 관계가 생기기 쉽고 말을 함부로 하여 감정을 긁어놓기 쉽다. 존중하는 마음이 사라지고 너나들이가 쉬워진다. 절친하다고 믿었던 사람들이 원수지간이 되는 경우가 허다한데 인간관계가 너무 달라붙어서 그럴 것이다.


\* 불평등, 차별 사회

　미국 알링톤 국립묘지는 이등병과 장군이 1,36평 크기의 무덤에 똑같이 안장되어 있다 한다. 한국의 국립묘지는 애국지사, 국가유공자, 장군급 장교와 이와 동등한 대우를 받는 자는 8평, 영관급 이하 군인과 군무원 이와 동등한 대우를 받는 사람은 1평 이상 넘지 못하도록 규정하고 있다. 계급에 따라 비석, 상석, 봉분, 묘두름 돌이 차별이 있다.
　공직에서 계약서를 쓸 때 꼭 갑은 관청이요 을은 서비스 제공자다. 문제가 생기면 서비스를 받는 사람인 관의 해석에 따르도록 한다. 갑의 의도와 편의대로 끌고 가겠다는 불평등 계약서를 만드는 것이다. 공직 초년생이었을 때는 아주 의아하게 생각했으나 점차 중견 간부가 되었을 때는 아주 당연한 것으로 여겼고 의문도 없었다. 나도 관료의 물이 들고 관습적이 되었다. 서비스 제공자가 날짜를 넘기면 가차 없이 지연금을 물리는데 서비스가 완전히 끝나고도 갑은 즉각 대금을 지급하지 않고 몇 달을 넘기기도 한다. 을은 이를 인내하고 기다리는 게 도리라 여기던 시대가 이삼십 년 전이었다.
　공무원 여비 규정도 그렇다. 내가 처음 공직에 들어갔을 땐 3등급으로 나누어 여비를 지급했다. 똑같은 장소에 가는데 여비 금액이 다른 것이다. 봉급은 여태 쌓은 누적된 공로를 인정하여 호봉 간 차이를 둔다지만 출장은 그게 아니지 않은가. 일회성으로 이뤄지는 출장 경비가 밥값, 숙박비, 그날의 일일 경비가 달랐다. 이해가 가지 않았다. 조금 개선되었다곤 하지만 지금도 공무원 여비규정은 2개의 등급으로 나눈다. 공무원 관련 법이 이럴진대 우리나라 법안에는 무수한 불평등 규정이 존재할 것으로 여겨진다.

웃기는 공사 예를 하나 더 보자. 지역사회에서 타 기관의 기관장을 여럿 초대할 때 보이지 않는 자리싸움이 있다. 군수, 경찰서장, 교육장이 초청되면 누구를 상석에 앉힐지 의전 집행자는 신경을 쓴다. 초대된 당사자도 누구를 상석에 앉히는지 곁눈질을 한다. 이뿐인가, 비행기에서, 탁구장에서, 수영장에서 자신의 위치를 잘 잡아야 눈에 나지 않는다. 불평등한 사례는 곳곳에 있을 것이다. 심지어 사적 모임에서 연장자, 상사, 임원에 따라 자리 배치가 달라진다. 공직자의 등급 구분이 불평등 사회를 조장해 놓고 있다.

\* 부정부패

국호를 대한제국으로 바꾼 1897년, 국가시책으로 매관매직이 있었다는 것 아닌가. 소과 급제엔 3만 냥, 대과 급제엔 10만 냥이었다나. 물론 뇌물이다. 1894년 갑오개혁 때 과거제도를 폐지한 탓도 있지만 황실은 세원이 없어 벼슬자리를 팔아서라도 국고를 충당해야 했다.

그 결과 탐관오리가 득시글거렸다. 벼슬을 돈으로 샀으니 어찌 본전을 뽑으려 하지 않겠는가.

 최근까지도 나는 내 귀를 의심해야 다. 모모 기관에 들어가려면 합격 뒤에도 뒷돈을 써야 빨리 발령이 나니 '내가 그 권력기관의 장을 만나게 해 줄까'하는 유혹의 소리를 들었다. 새 출발을 기다리는 내 자식에 대한 배려차 꺼낸 얘기다. 약간 귀가 솔깃하긴 했다. 그 줄을 잡아 놓으면 승승장구 앞날이 밝을 것 같았으나 그만뒀다. 듣지 않은 것보다 더 불쾌했다.

 아직도 이런 생각에 젖어있는 내 이웃이 있다는 게 더 한심했다. 만약 우리가 그 권력자를 만나고 그 사람의 제안에 따랐다면 돈 봉투가 오가게 되고 내 자식도 다음에 그런 유전인자가 생길지 몰라 두려웠다. 매관매직의 인자가 일반 서민에게도 깊이 박혀 있다는 게 놀라웠다. 한 번 하면 두 번은 자연스러운 것이다. 뒷돈, 급행료, 브로커 같은 말은 생기지 말아야 할 단어다.

 대한민국 문교부 초대 예술과장이던 서정주는 "초대받은 방에 들어가 보면 거기엔 사랑방같이 두껍고 깨끗한 보료에 안석까지 받쳐져서 깔리고 옛 관기 그대로의 접대부라는 젊은 여인들이 사이사이 나붓나붓 끼여 앉아서 젓가락, 숟가락에 음식을 담아 입으로 나르는 것까지 시중을 들고 영감님, 대감님 하고 떠받들어 모시니 실없는 구멍이 마음속에 뚫려있는 사내라도 되풀이되는 동안 번지르르한 얼굴이 뒤로 젖혀지기 마련이다"라는 내용의 증언을 하고 있다. 1992년에 스스로 친일임을 밝히기도 한 서정주는 시인의 고고한 품격을 지키지 못했음도 고백한 것이다.


* **백정을 만든 자들**

  그릇된 역사, 비틀린 편견, 약육강식의 사회가 한 희생자 집단을 만들었다. 바로 백정이다. 그들은 소수자요, 난민자요, 떠돌이라 가진 것이 없어 짐승을 잡고 무두질을 하는 갖바치다. 버드나무 따라 다니며 고리채를 만드는 양수척이다. 떠돌아다니며 한을 토하는 가인이요, 지루한 길을 걸으며 몸을 흔들던 재인이다. 이른바 방랑객이요 유목민이요 장인이요, 탈렌트다.
  
  백정들은 스스로 말한다. "금수의 생명을 빼앗는 자" 여기서 바로 불합리의 원천, 모욕과 학대의 별명이 되었다. 그런데 이 금수의 고기를 제일 많이 먹은 자는 권력계층 양반이다. 손에 피 한 방울 묻히지 않고 잡은 고기를 제사에 올리고 맛있게 먹고는 고마워하기는커녕 금수를 다루는 천한 자로 낙인찍은 것이다. 짐승을 죽인 교사자가 양반이거나 사대부이면서 직접 손에 피를 묻히는 자를 멸시한 것이다.
  
  고려 시대에도 백정은 있었다. 평범한 양민을 일컫는 말이었다. 적장자가 아니어서 땅을 물려받지 못하거나 군역이 없어 부역을 지지 않으니 나라에서 땅을 나눠 받지 못한 백성이었다. 그러니까 조선 백정과는 다른 계급이었다. 고려 백정은 평민이지만 조선 백정은 천민이다. 백정이 상종 못 할 도살자 천민으로 떨어진 것은 조선 시대부터다. 더욱 참혹해지고 눈 뜨고 보기 힘들 정도의 시기는 조선 후기다.

조선왕조실록 세조 2년의 기록에 의하면 "대개 백정을 화척禾尺이라 하고 재인才人 혹은 달단韃靼이라 칭하여 그 종류가 하나가 아니니, 국가에서 그들을 제민하는데 고르지 못하여 민망합니다."하는 표현이 나온다. 같은 실록 예종 1년의 자료에 의하면 "양수척은 고려 초기에 있었는데 강화 천도 때도 있었습니다. 재인과 백정은 충렬왕 때도 있었고 공민왕 때도 있었습니다. 그래서 멀리는 오륙백 년 전에 있었고 가까이는 수백 년 아래로 떨어지지는 않사옵니다. 지금껏 악기를 연주하며 노래하는 풍습과 짐승을 잡아 죽이는 일을 고치지 않고 있습니다." 이를 유추하면 후삼국 시대부터 고려 초기에 양수척이 있었다는 결론이다. 그 이전에는 이 땅에 살지 않았지만 고려가 세워질 무렵부터 들어온 뜨내기요 이방인이었다. 짐승을 잡고 악기를 연주하며 춤추는 유목민이고 이방인이었다 할 수 있다.

고려 사람들은 짐승도살에 서툴기도 하려니와 우마는 농사에 중요한 가축이라 거의 죽이지 않았다. 이런 고려인을 대신해 도살해 준 이들이 바로 국경을 넘어온 거란족이나 여진족 같은 유목 민족들이었다. 말을 타고 초원을 달리며 고기를 즐겨 먹던 이들은 짐승도살에 거침이 없었다. 또한 목초지를 따라 떠도는 삶의 고단함을 노래나 악기 연주 춤을 추며 풀었으니 이것은 그들의 고유한 풍습이었다. 또한 휴대하기 좋은 유기柳器를 만들었다. 유기는 버드나무로 가벼운 그릇이나 고리채를 만들어 사용하고 가지고 다녔다. 양수척楊水尺이란 말도 버드나무 양楊자에 물 수水를 쓴다. 물가에 자라는 버드나무를 따라 살아온 삶이다.

귀족이나 권력자에게는 닥종이에 기름을 바르거나 무늬를 넣기도 하고 고리짝의 테두리를 비단이나 가죽으로 덧대어 작업하려면 그만큼 양수척들의 손은 더 닳아졌을 것이다. 이리하여 고리백정이라 불리게 된 이들은 양반들에게 착취당하기 예사였을 것으로 생각된다. 거저먹으려는 양반의 심보는 악의 고리로 번창하여 조선의 참혹한 백정을 만들었을 것으로 얼마든지 추정된다.


\* 연민 기르기


요즘의 난민이나 외국인 노동자, 다문화인들이 예전의 이런 유목민에 해당하지 않았을까. 시민들은 으레 이들이 범죄를 저지르고 사회질서를 어지럽게 한다고 저주하고 혐오한다. 미국 사회에서 한인들을 멸시하고 혐오범죄를 저지르듯 우리 사회도 이와 다르지 않다. 백정은 가진 자나 권력자가 만들어 내는 하나의 희생타라 아니할 수 없다.

회사의 사장이나 상급자는 부하직원들을 자기의 몸종 부리듯 하는 사례가 허다하다. 모 항공회사의 비행기 회향 사건도 조그만 견과류를 바치지 않았다고 자신 안의 괴팍한 짐승을 드러낸 것 아닌가. 이게 다 인간이 만든 악이다. 태어날 때의 감성인 욕망을 방치한 결과

다. 이것은 수양으로 고쳐나갈 수 있다. 후천적인 교육으로 이를 다스려야 하는데 이를 게을리하고 악의 본성을 그대로 노출하여 삭이지 못한 음식물을 토해놓은 추한 행동을 한다.

고자는 사람의 본성은 물과 같다고 한다. 인체의 70%가 물이다. 본성뿐만 아니라 체성분이 물인 것을 보면 사람은 물이라 해도 지나치지 않는다. 베토벤 운명을 손과 발, 인체의 두드림을 통해 연주하는 것을 보았다. 화면을 보지 않고 듣기만 했다면 물을 찰박이는 소리로 들었을 것이다. 인간의 몸이 물임을 실감케 했다.

물은 동쪽으로 트면 동쪽으로 흐르고, 서쪽으로 트면 서쪽으로 흐른다. 사람도 선한 쪽으로 이끌면 선한 인간이 되고, 악한 쪽으로 이끌면 악한 인간이 된다. 끊임없이 자신 안의 경종을 울리며 혹여라도 지금 하는 말이나 행동이 상대방에 대한 상처가 아닌지 헤아려야겠다. 희한하게 상처는 혼자만의 상처가 아니다. 집단의 상처가 되어 사회를 아프게 한다. 거대한 괴물이 되어 우리 자신을 겨누는 부메랑이 된다. 몸과 마음을 어떻게 쓰느냐에 따라 '음악'이 되기도 하고 '악'이 되기도 한다.

이 시대의 인권유린은 백정시대 인자와 거의 비슷한 유형임을 알 수 있다. 인권은 서로 지켜줘야 할 인간의 덕목이다. 갑질, 혐오, 부정부패, 불평등, 천대, 차별, 편견 따위는 허구의 백정을 만들어 돌을 던지고 악담을 퍼붓고 죽이는 일까지 저지른다.

이들 인자를 물리치고 우리 본성이 인간 연민을 향했으면 좋겠다. 인간, 생명 모두 허약하고 가련한 존재 아닌가. 타인을 자신으로 여길 때 비로소 우리 사회는 인권을 공기처럼 누리리라.

# 망건-남강

1. 아이들의 다리 아래

 1) 이거리 저거리 각거리 진주 남강 두 남강
    (이걸이 저걸이 갓거리 진주 맹건 도(또)맹건 )
    (이걸이 저걸이 갓거리 진주 맹건  두만강)
 2) 짝바리 휘양건 두르메 줌치 장도칼
    (짝바리 휘양건 도르메 줌치 장도칼)
    (짝바리 휘양건 두르막 줌치 장독칼)
 3) 머구밭에 덕서리 칠팔월에 무서리 동지섣달 대서리
    (머구밭에 덕서리 칠팔월에 무서리 동지섣달 대서리)

 땡! 하면서 마지막 말이 끝나는 다리를 때리며 술래놀이를 했다. 알 듯 모를 듯한 노래를 부르며 한 번도 보지 못한 남강은 조무래기들의 다리 아래 흘렀다. 괄호 안처럼 소리를 다르게도 냈다. 덕천강 가까이 살던 유년이었다.

 방구석 2열로 앉아 가랑이 사이 한 다리씩 섞바꿔 끼워 넣고 부르던 꼬맹이들의 노래는 괄호 안과 밖을 넘나들었다. 글자도 뜻도 제대로 모르던 때다. 각거리가 아니고 갓걸이, 남강이 아니고 망건이라니.

 여러 자료를 찾다가 어머니 한테 물었다. 어머니는 첫 번째 괄호 안의 소리로 했다. 괄호 밖이든 안이든 여러 소리로 불렀고 들었던 것은 틀림없다. 자음과 모음이 술래놀이하듯 이리저리 자리를 바꿔 앉으며 다른 말과 뜻이 된다. 낮은 곳으로, 돌 틈 사이로, 물이 스미고 길을 내어 지형이 바뀌듯 말의 길도 이렇게 생겨나는가 보다. 물은 아래로 말은 옆으로 방향만 다른 같은 상형 문자 아닌가.

 이 걸이 저 걸이 갓걸이는 관리들의 갓을 거는 걸이냐, 갓 만드는 거리인가 각각의 거리인가. 진주 남강 두 남강이 맞는가, 진주 망건 또(도)망건이 맞는가. 짝발이는 발이 짝짝인가? 쩍 벌어진 걸음걸이? 아니면 쩍 벌어진 신발? 휘양건은 무슨 수건인가? 도르메 줌치 장도 칼은 두루마기 주머니에 칼을 가지고 머구밭을 먹지도 못하게 만든 것인가. 동지섣달은 본래 대서리 아닌가? 이런 의문의 퍼즐을 맞추다가 〈박종현의 스토리텔링이 있는 힐링여행〉(경남일보)을 보게 된다. 이 노래의 실제 지은이는 진주 농민항쟁의 주도자 '류계춘'이고 본래 말과 뜻은 다음과 같다고 한다.

 이걸이 저걸이 갓걸이 진주 망건 또 망건

짝발이 휘양건 도래매 줌치 장도칼

머구밭에 덕서리 칠팔월에 무서리 동지섣달 대서리

'이걸이 저걸이 갓걸이'란 양반의 갓을 걸어두는 역할밖에 안 되는 농민의 처지를 한탄한 것이고, '진주 망건 또 망건'은 뇌물을 주고 벼슬을 산 가짜양반들까지 농민을 수탈해 가는 정도가 극심함을 의미하며, '짝발이 휘양건'은 짝 벌어진 휘양건(미투리에 쓰는 방한구)처럼 양반과 지방관리들이 부정축재를 위해 폭정을 일삼았음을 뜻하고, '도래매 줌치 장도칼'은 양반과 관리들이 돈과 식량을 모으기 위해 악랄하게 농민을 수탈했음을 뜻하며, '머구밭에 덕서리'란 백성들을 의미하는 머구밭에 서리가 내렸으니 이는 아전들이 백성들의 피를 빨아먹는 행태를 비유적으로 표현한 것이다. 그리고 '칠팔월에 무서리'와 '동지섣달 대서리'는 삼정제도의 폐해와 관리들의 부정부패가 하도 심해 백성들의 삶이 매우 궁핍해져 있는 상황을 말함과 함께 세상을 깨끗하게 만들고자 하는 농민들의 염원을 담고 있다.

[출처] 스토리텔링이 있는 힐링여행 [111]진주농민항쟁|

'진주 망건 또 망건'은 당시 진주가 도 관찰사가 있던 곳이라 가짜 벼슬아치들이 도백의 흉내를 내고 다녔음을 비꼰 '~ 도망건'은 아니었을까. 애들은 '도(또)남강' 또는 '두 남강', '두만강'으로 불렀고 내게 남강은 머나먼 그리움이었다. 남강이 어디 있는지, 있기나 한 건지, 내가 가 볼 수 있는 곳인지, '곳'도 아닌 구름은 아닌지 머릿속으로 그렸다 지우곤 했다. 그저 놀 때는 소중하고 파하면 아무것도 아닌 반죽개미(소굽놀이) 같은 존재였는지 자라면서 점차 이 소리도 잊고 살았다.


2. 두 남강을 돌아

발걸음이 조금씩 커지면서 개울을 건너고 넓어지는 들을 지나 커다란 강을 만난다. 덕천강! 그땐 강 이름도 몰랐다. 지리산 쪽에서 흘러오는 이 강은 물이 적을 땐 징검돌을 딛고 건넛마을로 가기도 했다. 강기슭의 물레방앗간 물길은 용이 지나가는 듯했다. 톺아보니 덕천강은 지리산 천황샘에서 시작하였고 남강의 상류 아닌가. 남강에 살면서 남강에 사는 줄 몰랐다는 것 아닌가. 옆에 두고도 그리워했던 것 아닌가.

열 살 쯤 내 터전은 덕천강에서 경호강으로 옮겨 가는데 경호강 역시 남강의 상류다. 남덕유산 참샘에서 시작한 남강은 남원 여원재에서 발한 엄천강을 생초에서 만나 경호강이란 이름을 갖는다. 덕천강을 떠나 온 아이는 신안초등학교 옆으로 흐르는 경호강에 발을 담그고 머리를 감았다.

경호강은 원지 다리를 지나 두 갈래로 갈라지며 삼각주를 만든다. 그 한 갈래는 생비량 쪽에서 오는 양천강과 만나 두물머리가 된다. 단성 쪽으로 흘렀던 강물과 양천강은 묵곡에서 다시 합수하여 대평으로 흘러들어 수곡을 지나 완사에서 지리산 물을 받아 내려 온 덕천강과 섞인다. 여기가 바로 인공호수가 된 진양호다. 덕천강과 경호강은 어린 귀로 들었던 이 거리 저 거리의 '두 남강'으로 자리매김 되었다.


3. 두 남강을 오르내리며

경호강을 따라 직장을 다니고 덕천강을 바라보며 본향에 가곤 했다. 남강 본류에 살면서 둔치에 산책을 나가고 병원을 가고 시장을 간다. 나는 남강이고 강물이다. 그러기에 무덤덤 내 옆에 있는 줄도 모른다. 이 걸이 저 걸이 또는 이 거리 저 거리를 한 번씩 뇌인다. 어느 것이 맞냐고 묻는 것은 별 의미가 없다.

'진주 망건 또망건'은 '진주 남강 두 남강(두만강, 또남강)'이었고 벌리고 앉은 짧달막한 다리가 곧 남강의 다리요, 길이요 그것은 두만강까지 이어진다는 상상도 했다. 실제 이 거리 저 거리가 모두 만나 두만강으로 이어지면 좋겠다는 염원도 했다.

'짝발이 휘양건'은 짝발을 가진 못 생긴 사람이나 장애자도 희한하게 잘 다닐 수 있는 훤한 거리고, '도루메 줌치 장도칼'은 장독 위에 얹어 둔 칼을 두루마기 주머니에 넣고 다니며 머구를 마음대로 뜯어 먹었나, 하는 두루뭉술하고 문맥이 맞지 않는 해석을 했다.

여기서 머구가 뭔가. 음지에서 잘 자라는 머위를 말한다. 햇살을 마음껏 못 보는 일반 백성들의 상징이다. 갓 올라온 머위의 쌉쓰름한 맛과 향은 건강에 좋다고 인기다. 음지의 백성이야말로 나라의 건강을 책임지는 일꾼이다. 그런 백성을 등한시하고 주머니에 보이지 않는 칼로 위협했으니 나라꼴이 말이 아니었던 것 아닌가. 농민항쟁이 일어난건 사필귀정事必歸正이 아닐 수 없다.

아무튼 '이 거리 저 거리 각거리 진주 남강 두 남강'으로 만났던 남강, 그 아련함을 버리고 싶진 않다. 소리 말은 바람이나 구름이 살짝 끼어들어 나름의 말을 다시 만든다. 그리고 흩어지고 만나 염원이 된다. 노래를 부르며 한 다리씩 섞바꿔 끼운 다리를 짚을 때 그것은 각각의 거리요 교각이다. 그 아래로 나의 남강은 흐른다.


4. 맥, 남강에서 두만강으로

엄마의 택호는 무실댁이다. "무실띠기~" 이웃 아지매들이 우리 엄마 부르는 소리다. 왜 우리 엄마를 무실띠기라 하지? 하면서도 물어보지 않고 오늘까지 왔다. 옆에 개울이 흘러도 어디서 오는지 알려고 하지 않듯 그럭저럭 지내는 것이 핏줄인가 싶다. 수곡의 옛 이름이 무실이고 나는 그곳 묘지가 많은 산자락 효자리에서 태어났다고 한다. 공정이니 평등이니 아직도 그 개념을 잘 모르지만 가진 자의 횡포에 피가 거꾸로 솟을 때가 많다. 수곡 장터(옛 무실장)의 피가 나에게 스민 모양이다.

무실 장터 여름풀이 발목을 감는다. 이곳을 자주 지나면서도 농민항쟁이 처음으로 일어난 곳임을 몰랐다니 부끄러워진다. 탑의 기단 둘레에 농민운동을 주도했던 사람들의 이름을 새겨 놓았다. 그분들의 피로 우리는 밝은 세상을 누리는 것 아닐까. 그날의 함성이 들녘에 깔린 듯 모 포기들이 바람에 넘실거린다. 가짜양반들의 갓걸이가 아닌 각각의 거리가 남강에서 만나 두만강으로 이어지면 좋겠다. 망건이 아닌 남강 그 본래의 청정한 물결이었으면 좋겠다.

# 찹쌀떡과 도서관

 일신문학 회원들이 거제로 문학기행 가는 첫날이었다. 식당에서 점심을 먹고 후식으로 쑥 찹쌀떡이 나왔다. 공지에 의하면 선배님 친구 한 분이 찹쌀떡을 후원한다고 했다. 밥을 먹고 나니 좀 부담스러웠지만, 찹쌀떡은 내 인생 인과因果의 음식이라 맛보지 않을 수 없었다. 팥 앙금 소는 여고 일학년의 어둑한 골목길을 떠오르게 했다.
 진주여고 서편 탱자 울 쪽엔 초라한 판잣집이나 오래되고 낮은 집들이 골목을 따라 형성되어 있었다. 중학교 동기와 이 골목 판잣집에서 자취를 했다. 시골에서 장작을 가져와 방을 데우고 석유풍로에 냄비밥을 해 먹었다. 도무지 우리들의 경제는 진주시민의 어느 위치에 있는지 짐작이 가지 않았다. 그래도 경남의 명문 여고에 합격했다는 우쭐함에 가난이란 자격지심을 갖지는 않았다. 우쭐함은 소녀의 어깨를 바로 세우는 역할을 했다.

하늘색 베 가방은 우리 학교만의 독특함이었고 플레어 치마에 허리
가 잘록하게 들어간 봄날의 하얀 상의와 겨울의 하얀 삼각 깃은 스스
로 생각해도 청초한 한 떨기 목련이었다.

하지만 나는 서무실(지금의 행정실)에 자주 불려 다니는 갈빛 목련
이었다. 아버지가 공납금을 가지고 자취방에 왔다가 갈 땐 탱자울을
따라 배웅하면서 나는 한참 뒤떨어져 걸었다. 너무 젊어 뵈는 아버지
를 뉘가 오인할까 싶기도 하고 다음번 수업료는 제때 받을까 걱정된
마음을 아버지께 들키고 싶지 않아서다.

그해 겨울밤이었다. 이불 밑은 추웠다. 가만히 친구와 엎드려 보온
을 유지하는데 어디선가 찹쌀 떠~억, 차압 쌀 떠~억 외치는 소리가
들렸다. 어릴 때 듣던 올빼미 소리 같기도 했다. 저 찹쌀떡 맛은 어떻
기에 골목을 누비며 팔까? 우선 맛에 대한 호기심이 발동했다. 나도
저걸 한번 실컷 먹어 봐야지. 다음날 그 찹쌀떡 외치는 소리가 귓가
를 따라 다녔다. 누구를 통해 들었는지 기억은 없지만, 시장에 가면
찹쌀떡을 떼 오는 데가 있다 했다. 내가 떡 떼러 간다고 하니 친구는
내키지 않는 듯하다가 함께 가 줬다. 교복을 떠억 하니 입고 말이다.

종이 가방에 받아온 떡은 제법 묵직했다. 처음엔 쉽게 찹쌀떡~ 소
리가 목구멍에서 안 나왔다. 한 번 외치고 나니 그다음은 쉽게 나왔
다. 처음이 어렵지 두 번째는 일도 아니었다. 주로 자취하는 친구들
집 창문 아래서 외쳤다. 밤길을 함께 다녀준 친구도 있고 찹쌀떡을
자주 사준 친구도 있었다. 학비까진 못 돼도 잡비는 됐다. 팔다가 못
팔면 실컷 먹는 행운이(?) 따르기도 했다. 학교 주변의 골목길을 거

의 누빈 일주일이 지나고 월요일이었다.

학생지도부 선생님이 상담실로 불렀다. 처음으로 상담실이란 곳을 가 봤다. 어둑했다. 선생님의 심문이 시작됐다. 찹쌀떡 팔러 다녔냐? 신문도 파냐? 나는 떨렸다. 이게 잘못된 일인가 싶어 사실대로 답했다. 당장 그만두지 않으면 정학 처분이 내려질 것이라 했다. 상행위는 교기 문란이라 했다. 억울하기도 하고 부끄럽기도 했다. 가난이 이렇게 초라한 것인가. 울지는 않았다. 아니 울었을지 모른다.

그즈음 나는 교내에서도 잡비를 벌었다. 어느 날 상급반 언니가 'THE STUDENT TIMES'란 영자 신문을 팔러 학급을 돌았다. 판매하고 싶은 사람은 자기한테 말하면 도와주겠다고 했다. 저것 하면 괜찮겠다 싶어 며칠 후 그 선배한테 나도 팔아보겠다 하니 그 선배는 내게 몽땅 판매권을 넘겨주었다. 학급을 돌면서 팔아보니 생각보다 잘 팔리지 않았다. 하는 데까지 해 봐야지 하고 노는 시간과 점심시간을 이용해 교실마다 돌았다. 이 일도 지도부 선생님 귀에 들어갔던 모양이다.

도서관에 가서 반성문을 쓰고 수업에 들어가지 못했다. 도서관은 조용하고 따뜻하고 엄숙했다. 두꺼운 사전의 책등은 자주색에 금빛 글자가 인쇄되어 있었다. 수업시간의 따분함보다 훨씬 마음이 편했다. 사서로 보이는 분이 도서관 일을 맡고 있었고 다른 누군가가 반성문을 쓰러 왔다. 반성문 쓰는 동안 책갈피 사이에 내 울적한 마음을 숨겼다.

그 사건 이후 나는 도서관을 자주 드나들었다. 〈카라마조프의 형제

들〉이나 한국 단편문학 전집 같은 교과서에 나오는 책을 보기도 했다. 나의 도서관에 대한 인연은 여기서 시작되었는지 모른다. 일생을 좌우하는 일은 이렇게 어떤 계기가 주어지는 모양이다.

　사회에 발을 디딘 후 나는 세 번의 직종을 바꾸게 되는데 처음엔 면서기라는 일반직 공무원이었고, 두 번째는 교육 행정직, 마지막으로 사서직인 도서관장이었다. 두 번째까지의 직종에 근무하면서도 나는 어쩐지 도서관에 근무해야지 하는 바람이 늘 마음에 있었다. 친인척 중 도서관에 근무하는 아저씨께 부탁도 해 보았으나 기회는 오지 않았다.

　공직생활 스무 해가 흘러가던 어느 날 느닷없이 행정직 공무원 중 도서관 근무자를 찾았다. 6개월의 자격 연수를 받고 사서 자격증을 받아 도서관 봉직을 하게 된다. 도서관에 근무하면서 나는 문학을 접한다. 도서관圖書館의 관자는 왼쪽 변을 집 사舍자로 쓰기도 하지만 먹을 식食자로 쓴다. 오래전부터 나를 위해 이 글자를 만들어 둔 듯했다. 찹쌀떡 장사는 나를 도서관으로 이끌어 생계의 밥줄이 되고 영혼의 근육을 키워 주었다.

　문학기행 출발에 앞서 모교를 방문해 재학생 후배와 대화의 시간을 가졌을 때 의자에 앉고 보니 나는 이상하게도 여고 시절 반성문 쓰던 자리에 앉아있었고 그때의 반성문은 후배들의 질문지로 바뀌어 있었다. 소설의 발단이 결말을 좌우하듯 일과 사람의 인연도 어떤 설정이 주어지는가 보다. 남은 시간이 짧지만 지금 나의 이 문학 활동은 뒷날 어떤 모습으로 나타날지 그 인과율因果律이 궁금해진다.

■ 김미연 수필가의 작품세계

# 시간과 행위 사이에서 피워 올리는 문향文香

**金善化**(수필가·시인·한국수필 편집장)

# 시간과 행위 사이에서 피워 올리는
# 문향文香

**金 善 化**(수필가·시인·한국수필 편집장)

　우리는 작가 개개인의 문체를 통해 다양한 점을 유추해낸다. 특히 진솔함을 바탕으로 하는 수필장르에서는 더욱 이 점이 두드러진다. 작가마다의 개성 있는 체험이 각기 다른 향기로 문장을 살찌운다. 김미연 수필가의 작품은 첫인상이 반가움으로 다가왔다. 필자와는 먼 거리에 있음에도 그의 작품을 살펴볼 수 있음에 큰 의미를 두며, 작가의 문장 속 여행을 했다.

　김미연 수필가는 월간 《한국수필》로 등단한 지 7년 차로, 이 책이 첫 수필집이 된다. 수필에 앞서 일찍이 詩로 등단해 창작활동을 해 온 작가는 무엇보다도 묘사가 뛰어나다. 어떤 대상을 만나 천착해 들어가는 힘이 다채롭다. 상징과 은유가 기본이 되는 시인으로서 그 저력이 수필작품 도처에서 빛을 발한다.

전체 7부로 구성된 이번 책《신발 신는 시간》은 1부〈욕망의 동산〉에서부터 사유의 물꼬를 튼다. 수필에서 흔히 대하는 독백체의 문체를 뛰어넘어, 어떠한 현상에 비판의 잣대도 거침없이 대는 붓 끝을 세운다.

'날아간 새'에서는 날아온 새를 다루는데, 결국 자유를 탐해 가두려는 사람의 본성을 알아채고 새가 날아간 것이 아닐까 하고 술회하는 마음씨가 순연하다. '문수보살'은 혼혈을 기울인 책을 지인에게 건네고 잘 읽힐지에 대해 일어나는 작가의 번민을 상세히 표현한 작품이다. 글 쓰는 이라면 누구나 겪었음직한 예를 들어 매우 설득력이 있다.

"아, 잠시, 책 한 권 주려고 가져왔는데."
"다음에 주세요."

_「문수보살」서두

문맥 따라가는 눈길을 가로질러 가슴이 철렁한다. 별일 아니겠지 하는 바람으로 다음 문장을 훑는다. 마침내 상대방에게 책은 전달되고, 다음 묘사가 기가 막히다.

후루룩! 순식간에 책장이 넘어간다. 생경하면서도 익숙하다. 표지의 붉은 꽃송이가 바람에 날아가겠다. 책을 펼칠 때는 너나없이 희한하게 식은 국 둘러 마시듯 후루룩 넘길까. 너무 뜨거워 식히는 것일까. 마음의 삐죽한 얼음조각이 시비를 건다. 얼굴이 달아오른다. 엔진에 열이 올라서 그런가.

_「문수보살」 중에서

엔진에 열이 올랐다고 꼭 얼굴이 달아오르지는 않을 터인데, 작가는 굳이 이 문장을 쓰고 있다. 에둘러놓는 문장에서 오히려 그렇지는 않다는 말을 하고 있는 것이다. 그런 점에 독자가 더욱 공감하게 되는 이치를 이미 알고 있는 노련한 장치이다. 헌데 잘 읽었다고 문자가 왔단다. '그녀는 어쩌면 책에 갇힌 나를 풀어주려는 문수보살의 화신인지도 모르겠다.' 하는데 덩달아 고개가 주억거려진다. 맞다. 문수보살!

이밖에도 작가는 타인에 대한 배려가 깊다. '홈'을 살펴보면 일반적인 길을 차용하여 사람들 사이에 나는 마음의 길을 이끌어낸다. 배려의 길, 잘 디뎌 미끄러지거나 넘어지지 않도록 홈집과 홈을 내자는 메시지가 가슴을 울린다.

전체 작품 47편 중 원고지 5매 내외의 단短수필이 2할이나 되는데, 이는 함축적인 문장으로 밀도를 더한다는 점을 증명하는 보기이다. 앞의 '날아간 새'나 '홈'에 이어 '회화의 괴물'에서 그 진수가 나타난다. 손이 불편한 여인의 풀린 운동화 끈을 정성들여 매어주는 남편을 바라보며 느낀 단상이 깊고 넓다. 프란시스 베이컨의 그림을 연결하는 솜씨가 세련되어 입이 딱 벌어진다. 적소에 척척 배열하여 의미를 다지는 구성에 감탄하게 된다.


죽비는 따로 있는 게 아니었다. 알고 보니 내게 크나큰 장애가 있음을 알았다. 남의 입장은 전혀 살피지 않는 습성과 얼마나 내 위주로 사는가를.
…〈중략〉… 돌아간 눈, 튀어나온 입, 어디 그뿐일까. 정신상태마저 뒤틀어진 프란시스 베이컨의 그림 '회화의 괴물'이 아닐 수 없다.

_「회화의 괴물」 말미 부분


2부는 첫 작품 '조물주에게'에서 상당한 해학을 낳고 있다. 여행 중에 화장실 문제를 겪으며 펼쳐가는 의미 확장이 실감난다. 소피를 참다가 엉뚱하게도 조물주에게 항변을 쏟아놓는다. 그러면서 기막힌 상상력으로 손목에서 팔꿈치 사이 어디쯤에 오줌길을 만들어 났더라면 얼마나 좋았겠냐고 투정을 부린다. 나아가 복식업계의 디자인에까지 상상력을 발휘하니, 여간 익살스러움이 아니다. 연약한 듯 살살 엄살을 부려 강한 효과를 이끌어내는 꾼 중의 꾼, 글 꾼이다.

그랬다면 복식업계는 팔목용 팬티로 호황을 누릴 것이고 세금을 더 많이 내어 복지국가 건설에 도움을 주겠지요. 디자이너, 염색업자, 직물공장, 특히 상품 안내자는 아침 방송에 나와 팔목용 팬티를 무려 15개나 준다며 호호 낭랑 잠을 깨우겠지요. 아마도 도기업체는 팔목용 요강을 공공장소 어딘가 본보기로 설치하여 홍보에 열을 올리겠지요. 늦게나마 조물주의 심도 있는 인간 설계를 촉구하며 머리띠를 두르는 바입니다.

_「조물주에게」 중에서

'신발 신는 시간'은 4년 전, 〈한국수필 올해의 작가상〉을 수상한 작품으로 그 문학성을 널리 인정받았으며 상황묘사가 탁월하다. 유년기, 버스에 오를 때 신발을 길에 벗어놓고 오른 점이 해학을 부른다.
처음으로 버스를 타는데 너무 깨끗해 방에 들어가듯 신을 길바닥에 벗고 올랐다. 자갈길을 흔들며 가는 중간중간 사람들을 태우니 어느덧 만원이었다. 어른들 다리 사이에서 안절부절못할 때 하얀 종아리 두 개가 보였다. 그 종아리의 맨발은 못 위에 올려진 게 아닌가. 자꾸 밀려가면 나도 저 못 위에 맨발이 얹힐 것 같아 조마조마했다. …〈중략〉… 신발은 웃음과 울음과 고단함과 쓸쓸함이 오롯한 한 채의 집이다. 먼 길을 동행한 나룻배다. 삶의 색깔과 냄새와 영혼을 사려놓은 삼광주리다. 그러기에 마지막 가는 길에 꼭 챙기는 유품이다. 링컨 기념관에서는 링컨이 암살되었을 때 벗겨진 부츠를 거액을 주고 사들였다고 한다. 우리도 임의 신발을 챙겨 빈소에 모신다.

_「신발 신는 시간」 중에서


이런 저런 신발을 신으며 생활하는 속에서 작가는 이 부분에 대해 사유의 지평이 넓어 달관의 경지에 이르러 있다. 허리 숙여 신발 신는 시간에 겸허를 배운다는 의미심장한 메시지를 이끌어내는데 함께 공감하게 된다. 신발을 신고 어떤 출발선에 선 느낌으로 바짝 긴장하게도 된다. 하물며 마지막 가는 길에 꼭 챙기는 물건이 신발임에랴.

'대나무의 바림질'과 '태점' 역시 은유와 형상화에 능하다. 집 앞 대숲의 모습을 청곰이라 놓고 시작한다, 놀라운 발상이다.

대숲에 바람이 인다. 한 무리 청곰이 산기슭을 간다. 앞서거니 뒤서거니 이리저리 뒤섞인다. 낭떠러지를 만나자 어미는 새끼를 안쪽으로 몬다. 서로 끌어안고 머리를 맞대며 포효하는 곰이다. 새 빛과 묵은 빛이 섞바뀌며 털의 바림질이 인다. 〈중략〉 흐린 날은 무슨 걱정거리라도 있는지 우두커니 서 있다. 사람 사는 모습을 그대로 보는 듯하다.

_「대나무의 바림질」중에서

흔히 나 어릴 적에 이랬어요. 하는 식의 화법이 아니다. 과감한 생략과 함축 속에서 의미화에 주력한다. 결국은 인생무상에 이르러 뒤돌아보는 마음가짐을 유도해낸다. 빛의 무수한 계단이 펼쳐지는데, '빛은 어쩌면 인간 영혼의 집합일지도 모른다.'는 말미에 숙연해진다.

문인화에서 고목이나 바위에 찍는 점을 태점苔点이라 한다. 한자 뜻풀이로 이끼의 점이다. 고목의 옹이, 난초 뿌리를 덮는 돌 부스러기, 낭떠러지에서 떨어지는 흙더미, 수풀 같은 것도 다 태점으로 일컫는다. …〈중략〉… 나는 태점胎点이라 쓰고 우주의 시작점으로 해석하고 싶다. 난자와 정자가 만나 한 점 인간이 태어나듯 그림의 생명점이 태점이라 여겨진다.

_「태점」중에서

그림에 대해 조예가 깊지 않으면 다룰 수 없는 대목이다. 지성을 겸비한 김미연 수필가는 어느 한 가지 대상을 만나면 그것을 원초적으로 파고들거나 재해석에 박차를 가하는 점이 매력 있다. '태점'에서 두 가지 의미를 창출해내는데, 이는 동음이의어를 제대로 활용하고 있다는 증거다. 섣부른 차용이야 금세 그 바닥이 드러나기 마련이지만, 의미화에 주력한 한 단어 한 어절이 문학성을 확보하여 문장 씹는 맛을 안겨준다.

'말의 생명'에서는 고향마을 유래를 더듬어가며 음운변화 등에 의해 달라지는 말에 생명력을 부여한다. 이어서 "말도 자란다."는 표현에 무릎을 치게 한다. 소문이 무성하여 자라는 그런 의미가 아닌, 차원 높은 세계에서 말을 성장시킨다. 아주 개성 강한 표현이다. '붉은 등'은 홍수 지던 날의 단상을 원고지 6매 내외의 단수필로 그려냈다. 짧은 글에 서사가 함축되어 있고 인정스런 고향 사람들이 살아나 꿈틀댄다. 학교 옆 낮은 돌담에 무대를 만들어 연극을 보여주며 아이나 어른이 정서적으로 어우러지는 데서 향기를 내고, 업어서 개울을 건너 주던 아저씨의 등이 붉은 등으로 뜨끈하게 형상화된다.

개울은 시장을 갈 때도, 출생, 사망신고를 할 때도 반드시 건너야 했던 곳이요, 논물을 퍼 올리기 위해 만나는 곳이며, 상여가 쉬고 종구쟁이 소리에 노잣돈이 놓이는 곳이다. 삶의 근간이며 별리의 건널목이다.

_「붉은 등」 중에서

결국 위와 같은 **건너가다**의 의미를 이끌어냄에 가슴이 더워진다. 「조산-조새미」는 동화처럼 재미있고 위트로 반짝여, 작은아이 시절의 작가와 그 마을길을 자박자박 함께 걸어보고 싶은 충동을 느끼게 한다. 어느 땅, 어느 마을이나 그 지명을 파고들면 무수한 이야깃거리가 드러나기 마련인데 작가는 고향마을의 근원을 찾아 의미화 한다. 이어지는 「그리운 산」에서는 쓰라린 역사속의 이야기로 할아버지가 살다 간 시대의 대 서사시 같은 수필이다. 우리가 문학을 한다는 것은 있는 그대로의 기록이 아닌 제3의 발견이며 원래 소재로 다가온 것에 대한 재해석일 때 가치가 있는바, 작가는 이를 성실히 갖추어가며 흡인작용을 한다. 3부의 「왼쪽 귀의 고백」은 귀로 하여금 말하게 하는 수사법이 뭉클하다. 어떠한 현상을 만났을 때 천착해 들어가는 힘이 무게감으로 작용한다.

김미연 수필가의 작품 중 과감하게 비판의 잣대를 들이대는 작품을 몇 편 들 수 있는데, 4부의 「생물선생 울타리」와 「고사리 유권자」, 7부의 「백정, 누가 만드나」 등이다. 겉으로 번드레한 명성과 너무도 대치되는 환경 훼손하는 인물 앞에서 필치를 세워 꼬집고, 선거철 표밭에 비유한 고사리 밭이 그럴싸하다. 그리고 장편수필에 해당하는 「백정, 누가 만드나」는 가슴을 여미고 경건히 읽어나가야 할 곧은 소리가 도처에 깔려 있다.

 다시 서정 속으로 들어가 보자. 띠풀, 들봄 등등의 잔잔한 언어에서 꿈틀거리는 희망의 가락이 너울댄다. 띠풀을 찾아다닐 때는 어릴 때이고, 어리다는 곧 희망으로 환치된다. 살기 곤곤했던 시절엔 식솔들과 겨울을 견디기가 더욱 어려워 봄을 기다리기 마련, 기나긴 겨울을 나고 훈기 도는 봄을 우리들은 얼마나 기다렸던가. 여기서 작가는 2월을 들봄 달이라고 정보전달효과를 보여준다. 그러면서도 펼쳐지는 상황에서 사람살이의 정겨움이 물씬 묻어난다.


 설이나 대보름의 이쪽저쪽에 입춘이 든다. 동지와 춘분의 한 가운데 놓이는 입춘立春은 한자말이다. 우리에겐 오래전부터 들봄이란 말이 있다. 토박이 말 박사이신 염시열 님은 2월을 들봄 달로 쓴다. 듣기도 좋고 부르기에 얼마나 좋은가.
 들봄하고 소리하면 입에서 새그러운 침이 돈다. '들'은 들어간다는 말로써 곳의 옮김이요 때의 바뀜이다. '봄'은 본다는 이름씨. 즉, 들어오는 것을 본다는 말이다.

 _「들봄을 기다리며」서두


 이번 책에서 가장 가슴 서늘한 글을 꼽으라면 단연 '묏등에 둘러

앉아'라 하겠다. 제목이 제시하는 대로 삶의 의미와 허무가 범벅되어 가슴을 누른다. 누구라도 이런 서사가 있을 것이요, 이런 느낌이 있을 것이다. 그러나 입 밖으로 내어 실천에 옮기기가 어려운 일이다. 헌데 작가는 부분 부분을 뚝뚝 끊어내 휴지休止를 두며 내면의 복잡 미묘한 감정을 드러내 공감대를 형성한다. 그만큼 주제 면에서 다루기 어려운 글을 툭툭 건드렸다는 증거가 된다.

  뒤처져서 내려온 내가 고요를 흔들었다. "사진 한판 찍읍시다. 한 장씩 빼서 거실에 걸어둡시다!"
  말이 없다. 아무도 뒤돌아보지도 않는다. 새 봉분인 듯 바위인 듯 명상으로 조용하다. 묏등 역시 흙이 부슬부슬 내려앉으며 묵언이다. 오래지 않아 봉분은 평지로 돌아갈 것이다.
  노인들은 서로 아무런 인연도 없는 사람들이다. 다만 마을 뒷산을 오르내리다가 산 중턱의 한 묏등에 약속도 없이 둘러앉은 것이다. 젊은 시절 세상일에 설레고 부딪고 상처받다가 또 다른 세상의 이편으로 건너온 사람들이다.
  가끔 자기 생일을 맞아 자식들이 다녀가면 소박한 음식을 사며 소소한 즐거움을 나눈다. 어쩌면 자신의 헛헛함을 깊숙이 숨기는 일인지도 모른다.

  _「묏등에 둘러앉아」 서두

피차 감추려 해야 감춰지지 않는 노년의 모습이다. 수필의 수미首尾에서 할 말 다 나왔다. 그저 보여주기 식의 회화적 수사로 이끌어 간다 하더라도 의미가 크고 깊게 전달되면 성공한 수필이다. **더 이상 길게 말할 필요 없다가** 문장 뒤에 숨어 무언의 말을 낳게 하는 것이다. 생과 멸의 간극에서 작가는 이러한 본성을 살펴 잘 활용하여 더욱 문향을 피워 올린다.

약속하지 않고도 늘 그 시간대, 그 길에서 만나지만 어느 날은 어르신 한 분 보이지 않을 때가 있다. 저 아래 논길로 가나? 은연중 묻고 대답한다. 가야 할 길로 갔겠지!
 언젠가 한 사람 두 사람 이 산길을 못 올라올 때가 올 것이다. 생멸(生滅)의 바퀴가 끊임없이 돌아가는 길목에서 우리는 잠시 만났다 헤어진다. 만남도 이별도 다 산의 일부다.
 묏등을 두르고 각각의 생각에 잠겨 묵묵히 들녘을 내려다본다.

 _「묏등에 둘러앉아」 말미


마음에 저장된 언어들을 어떠한 방식으로 이끌어내 어떻게 표현하는가에 따라 문학성이 좌우된다. 독자들은 위의 대목들을 곱씹을 때 숙연해지지 않을 수 없을 것이다. 나무그늘이 드리워지고 바위가 안성맞춤으로 서 있는 봉분가에서 음식을 나누며 기념하고, 그렇게 서로의 안부를 암암리에 확인하다가 언젠가는, 또 누군가는 이 봉분이 있는 곳까지 걸어서 올라오질 못할 것이라는 메시지에 부인할 사람 그 누구랴. 더욱이 만남도 이별도 다 산의 일부라는 어절에 가슴이 젖는다.

　작가는 연이어 보여주는 단수필「어느 주걱의 일생」에서 한 나무 주걱을 발견하고 의인화·풍자·해학으로 희화화한다. 가마솥에서 기운 좋게 밥을 퍼내던 주걱이지만 세월 속에 밀려나게 되자 화장실 열쇠나 매달고 그걸 지키는 새 역할이 주어졌다는 논지인데, 이를 보고 작가는 나이 든 사람도 늘그막에 어떤 새로운 직무가 맡겨질지 아무도 모를 일이라고 풍자하는 솜씨가 일품이다.「북천, 하고 말해봐」는 제목이 재미있고,「사려니 숲 가는 길」은 입구와 관련해서 마음속의 그리운 길에 대한 명상이 다채롭다.


　눈앞에 새로운 길을 두고 돌아서는 기분은 살아온 나의 여정을 보여주는 것 같다. 사십 대에 시를 쓰겠다고 나부대다 시집 한 권 남기고 다른 길을 들었던 것, 문인화의 농담濃淡에 취해 있지만 끝까지 가야 하나 망설이는 것, 취미 하나 더 배울까 하다가 욕심이다 싶어 그만둔 것, 모두가 눈앞에 두고 들어서지 못하는 저 길과 같다. 빈약한 내 삶의 숲이 자꾸 눈에 밟힌다. …〈중략〉… 앞사람이 밟았을 나뭇잎에 지그시 발자국을 포갠다. 길은 나뭇잎 바스라지는 소리로 발자국을 흡수하며 푹신해졌겠다. 사려 깊은 것은 낙엽만이 아니라 바람도 한몫했다. 바람과 낙엽은 가시버시였을까, 서로에게 서서히 물들었던 느린 음성을 뿌린다. 그 낮은 음성에 빨려들어 우리도 말 수가 줄어든다.

_「사려니 숲 가는 길」 중에서

문장을 가만가만 따라가다 보면 「망건-남강」에서 보여주듯 말에 대한 재해석에 매료된다. 지명에도 역사가 흐르고 민족의 혼이 배어 우리를 지켜본다는 논리가 통하는 것을 확인한다.

작가는 이 책 맨 끝에 「찹쌀떡과 도서관」으로 자리를 채운 것에 특별한 의미를 두었지 싶다. 보기 드물게 학창시절의 이야기가 물 흐르듯 유연한데, 가용을 벌기 위해 찹쌀떡 장사를 했다는 용기에 아낌없는 갈채를 보낸다.

종이 가방에 받아온 떡은 제법 묵직했다. 처음엔 쉽게 찹쌀떡~ 소리가 목구멍에서 안 나왔다. 한 번 외치고 나니 그다음은 쉽게 나왔다. 처음이 어렵지 두 번째는 일도 아니었다. 주로 자취하는 친구들 집 창문 아래서 외쳤다. 밤길을 함께 다녀준 친구도 있고 찹쌀떡을 자주 사준 친구도 있었다. 학비까진 못 돼도 잡비는 됐다. 팔다가 못 팔면 실컷 먹는 행운이(?) 따르기도 했다.

그러다가 일주일 만에 학생지도부 선생님한테 불려가 "상행위는 교기 문란"이라는 주의를 들었으나 울지는 않았다는데…. 필자는 그 여고생이 너무도 기특하고 장하게 여겨진다. 청운의 꿈을 향해 내달리는 과정에 학생 신분으로서 맛보는 부끄러움이나 억울함이 무슨 대수였겠는가. 훗날 그가 오랜 공직생활을 거쳐 도서관장으로 근무하게 되는데, 이는 될성부른 떡잎이 이미 그때부터 웃자라고 있었던 게 자명한 것을. 박진감 넘치는 수필 한 편이 짙은 여운을 안긴다.

이상 짚어본 바와 같이 김미연 수필가의 작품은 전반적으로 간결하고 함축적이며, 구성에 치밀하여 읽는 이의 흥미를 더한다. 시간과 행위 사이에서 의미를 형성하고, 슬쩍 돌려놓은 메시지까지 찾아 읽게 하는 묘미가 있다. 이것이 아름다운 글꽃으로 피어 쉬 잦아들지 않는 향기를 낸다.